AF482860

Dados Internacionais de Catalogação na Publicação (CIP)
(Câmara Brasileira do Livro, SP, Brasil)

Dziekaniak, Gisele
   As energias yin e yang e o eneagrama : um caminho
de transformação e reconexão ao Deus e à Deusa
esquecidos / Gisele Dziekaniak & Ricardo Almeida. --
Rio Grande, RS : Ed. dos Autores, 2021.

   ISBN 978-65-00-18938-4

   1. Autoconhecimento 2. Autodesenvolvimento
3. Eneagrama 4. Yin e Yang I. Almeida, Ricardo.
II. Titulo.

21-59222   CDD-155.26

Índices para catálogo sistemático:

1. Eneagrama : Tipologia : Psicologia   155.26

Cibele Maria Dias - Bibliotecária - CRB-8/9427

Gisele Dziekaniak & Ricardo Almeida

AS ENERGIAS YIN E YANG
E O ENEAGRAMA

Um caminho de transformação e reconexão ao Deus e à Deusa esquecidos

2021

Quando o indivíduo se põe a caminho do autoconhecimento, e percebe o quanto está afastado da fonte criativa, desejando profundamente retornar a esta, mestres de todos os lugares e tempos se aproximam para lhe inspirar no caminho de volta para casa.

AGRADECIMENTOS

Agradecemos à vida, através da qual expressamos nosso ser, sentir, pensar e fazer.

Agradecemos aos que vieram antes, nossos antepassados, os quais, sistemicamente, nos proporcionaram muitas lições de vida! E pelo amor transmitido, geração após geração, para que fossemos a expressão de quem somos.

Agradecemos aos nossos filhos que nos proporcionam aprendizados e desafios, através de suas almas e de suas expressões de personalidade.

Agradecemos à espiritualidade, à conexão com nossos Mestres espirituais que gentilmente nos inspiraram na construção dessa obra e em todo nosso caminho.

Agradecemos à Mestra Neida Sassone, nossa Mestra Reiki, fonte de inspiração, respeito e exemplo de postura simples, amorosa e, ao mesmo tempo firme, segura e alinhada à sua missão.

Agradecemos a Uranio Paes e à Beatrice Chestnut, nossos professores de Eneagrama, por nos apresentarem a essa sabedoria sagrada e por transmitirem seus conhecimentos com dedicação e amor.

Agradecemos aos nossos alunos pela confiança e por serem fontes de aprendizados e ensinamentos a nós.

Agradecemos ao amor e à conexão que reconhecemos entre nós, como almas companheiras de caminhada e inspiradoras uma à outra em nossos processos de crescimento.

APRESENTAÇÃO

Essa obra surgiu através de processos de autoconhecimento que realizamos como duas almas que se encontraram, através do caminho de despertar da consciência, em um momento de muitas mexidas e buscas por processos de autodesenvolvimento pessoal em que cada um de nós vivenciávamos.

A conexão do estudo do yin e yang com o Eneagrama surgiu a partir desse encontro, quando estávamos mergulhados profundamente em nossos próprios desafios pessoais e em trabalhos de autodesenvolvimento; tendo a busca pelo equilíbrio das energias yin e yang como um dos pilares de nosso trabalho pessoal, por compreendermos que estas polaridades, as quais regem a manifestação humana são energias bastante poderosas e responsáveis, inclusive, pelo nosso modo de ver, sentir e estarmos nos manifestando no mundo.

Através de nossa missão como professores de diversos cursos de autoconhecimento para a transformação pessoal e expansão da consciência como PNL Sistêmica, Consciência Quântica, Reiki, Sagrado Feminino, Sagrado Masculino e o próprio Eneagrama sentimos de manifestar esta obra, a qual revela o resultado de nossos estudos nos últimos anos no caminho do desenvolvimento psicoespiritual.

Nessa trajetória de estudos, aplicação pessoal e ensino sobre autodesenvolvimento, o Eneagrama nos encontra e unimos esse conhecimento a conhecimentos pregressos em nossas caminhadas de mais de 20 anos através da espiritualidade. Sendo que o estudo das energias yin e yang já fazia parte de nosso arcabouço teórico-prático e então passamos a pesquisar e mesclar esses dois conhecimentos para oferecer um caminho minucioso e profundo, que leve o buscador de si para a autotransformação de sua consciência.

Para tanto, realizamos um trabalho de pesquisa a partir da teoria dos 27 subtipos do Eneagrama e aliamos essa teoria a observações empíricas, tanto de nossos processos pessoais nos últimos 20 anos, quanto de nossos alunos de Eneagrama e PNL Sistêmica, o que nos levou ao desenvolvimento da teoria da relação dos 27 subtipos do Eneagrama com a identificação da manifestação das energias yin e yang em cada um deles, a qual chamamos de *Classificação dos Subtipos do Eneagrama com base na Teoria do Yin Yang.*

A partir do desenvolvimento dessa classificação propomos um método de como trabalhar a busca pelo equilíbrio das polaridades yin e yang através de um modelo de níveis de consciência aplicado a essa classificação. O que entendemos como um facilitador para guiar processos pessoais de autodesenvolvimento focado nas características individuais de cada tipo de personalidade, com base na classificação do yin e yang.

Gostaríamos de lembrar que, quando estudamos o Eneagrama não o fazemos apenas para buscarmos uma classificação tipológica para enquadrarmos nossa personalidade em 9 tipos, as quais se desdobram em 27 subtipos. Estudamos o Eneagrama para compreendermos justamente como superarmos essa personalidade.

Nesse sentido, a pesquisa que desenvolvemos e apresentamos nesta obra é uma proposta para um caminho de autoconhecimento para expansão da consciência e superação dos condicionamentos impostos, tanto pela personalidade, quanto pelo nível de consciência que cada um vibra. Ou seja, para transformação pessoal.

Desejamos que essa classificação possa contribuir, de algum modo, para o desenvolvimento dos estudos do Eneagrama e da consciência humana e consideramos a mesma, como um presente recebido de nossos Mestres pessoais e dos Mestres do Eneagrama, uma vez que propomos um caminho para que as pessoas cheguem ao equilíbrio de suas polaridades masculinas e femininas, através do olhar do Eneagrama, a fim de atingirem um maior nível de consciência, em busca de sua individuação, via equilíbrio energético e aprofundamento do conhecimento dos estudos de personalidades e da alma humana.

É necessário pontuar que esta obra não se destina a iniciantes de Eneagrama, uma vez que ela prevê o conhecimento dos 27 subtipos de personalidades do Eneagrama.

Por fim, acreditamos que o amor, matéria prima que nos conecta ao que vamos compartilhar nessa obra, nos permite transformações enquanto o julgamento cria resistências e afasta-nos uns dos outros. Então, convidamos você leitor, a abrir-se para essa leitura, em busca de si mesmo, de partes suas que residem dentro de seu inconsciente e, quem sabe, possa a partir desse movimento interno, alcançar uma centelha de sua alma, partes que estejam prontas para vir à luz, se expandir, viver e se expressar na vida. Desejamos uma boa leitura!

Com todo nosso amor, Gisele e Ricardo!

SUMÁRIO

Introdução **15**

1 Energias Yin e Yang: Um olhar sobre as polaridades............**21**

1.1 Yin e yang e os relacionamentos afetivos 30

1.2 Consequências da polarização de uma das energias sobre a outra 45

1.3 Yin e yang e sua relação com Deus e a Deusa através dos arquétipos do pai e da mãe...51

2 Breve histórico do Eneagrama **59**

3 Os subtipos do Eneagrama de acordo com a teoria yin e yang **63**

3.1 Teoria da CLASSIFICAÇÃO dos 4 tipos de personalidades humanas sob o ponto de vista das polaridades yin e yang.........65

3.2 Classificação dos 27 subtipos do Eneagrama com base nos movimentos energéticos yin e yang....................................75

4 Níveis de consciência no Eneagrama e como trabalhar o equilíbrio do yin e yang através desses níveis......................**117**

4.1 Considerações sobre o trabalho psicoespiritual com as polaridades yin e yang..126

4.2 a relação da busca do equilíbrio entre yin e yang nos níveis de consciência 129

5 Considerações finais **161**

Referências **165**

INTRODUÇÃO

Algumas considerações se fazem indispensáveis quando nos propomos a entender a correlação entre Eneagrama, equilíbrio das energias yin e yang, níveis de consciência e sua expansão e autodesenvolvimento.

A principal delas talvez seja pontuar que compreendemos a personalidade humana, juntamente com o corpo físico, como um filtro para experenciarmos a vida, ou seja, um veículo de manifestação da alma na matéria. Uma vez que essa alma necessita de um corpo denso como veículo de sua expressão, numa dimensão onde as energias vibram numa frequência inferior à sua vibração original. Compreendemos que, do ponto de vista planetário, cada pessoa presente nesse planeta se constitui de uma consciência dotada de personalidade (física, mental e emocional) conectada à sua alma.

Esta personalidade foi se construindo e se desenvolvendo a partir das vivências que tivemos, baseadas na frustração do ego e na elaboração e utilização de mecanismos de defesa para nos protegermos das experiências desafiadoras que vivenciamos através de dores, traumas e mágoas que fomos expostos ao longo da infância. Isso tudo, justamente, na etapa de formação do ego e, ao não serem vistas e compreendidas para então serem ressignificadas, essas feridas nos cristalizou em um tipo de personalidade na vida adulta.

Para Claudio Naranjo a personalidade é a loucura que inventamos para sobreviver. Logo, podemos compreender a construção da personalidade como uma estratégia necessária que desenvolvemos para sobreviver no mundo material evitando as dores já experimentadas que levaram à frustração do ego.

Sabemos que a personalidade é desenvolvida em torno de questões de sobrevivência que aprendemos a exercer desde a infância e, por conta disso, nos tornamos especialistas em atuarmos com uma estratégia de defesa específica, ou seja, nos tornamos especialistas no ego.

Porém, sabemos sobre a importância de expandirmos a consciência e, através deste movimento nos recordarmos de que não somos apenas essa personalidade que se manifesta através de um corpo (com o qual estamos igualmente identificados, assim como com nossas dores e frustrações). Somos muito mais que isso! Mas ainda acreditamos que somos essas experiências e as dores resultantes delas.

Portanto, para fins de desenvolvimento humano e da consciência, acreditamos que nossa missão seja justamente nos reconectarmos, reintegrarmos com a nossa alma, ou seja, com a nossa porção curada em nível planetário e que está incompleta sem que a personalidade se expanda e se una a essa alma curada.

Estamos dizendo com isso que, a alma é uma porção sutil e energética, que atua no nível planetário. E que do ponto de vista de vibração e de contato com a Fonte Primordial, a alma está em um nível abaixo do que podemos chamar de Essência – que é nossa energia de vibração superior e mais próxima ainda da fonte do que a alma, porque a Essência é nossa porção Universal, enquanto a alma, em uma vibração menor, é nossa porção planetária e, portanto, a alma está para a Essência – em um processo necessário de evolução, assim como a personalidade está para a alma, nessa busca de expansão.

Queremos dizer que, a personalidade ainda é inconsciente de si própria. Já a alma é absolutamente consciente e curada no nível planetário, ou seja, é a maior cura que poderemos encontrar no desenvolvimento de uma consciência vivendo nesse planeta. Já a Essência, entendemos sendo uma consciência Universal, para além do que a alma percebe no nível planetário, portanto, entendemos a Essência como mais próxima da Fonte do que a alma. E essa alma, portanto, mais próxima do alcance da personalidade, se olharmos de um ponto de vista linear de evolução.

Logo, o caminho de evolução e expansão de consciência, do ponto de vista que acreditamos é a personalidade buscar se conectar e se expandir, integrando-se à alma. E esta, quando se expande, busca se integrar à Essência. E ainda, a própria Essência, apesar de bastante evoluída e expandida, também busca se reconectar e se reintegrar ao Todo, à Fonte Criativa, a Deus, como quisermos 17chamá-la.

No entanto, essa reconexão somente será possível quando dominarmos todos os meandros que nossa personalidade desenvolveu e utiliza para se proteger – inclusive ao evitar o caminho de volta para a alma. Porque, com o transcorrer do tempo, passamos a acreditar que somos o ego, o qual dialoga exclusivamente com aspectos da materialidade (sobrevivência, reprodução da espécie e poder), pois esse ego se desenvolveu a partir de fugir da dor, não sentir novamente os desconfortos e agressões que o ambiente lhe ofereceu e para isso fechou seu centro "do sentir", fechou seu cardíaco para proteger-se dessa dor.

Ao fecharmos o centro cardíaco para não sofrermos, esse centro também foi fechado pelo nosso ego para as possibilidades de verdadeiro contato com a energia do amor e sua manifestação. Por medo de sofrer e se desintegrar, essa parte nossa reluta em abrir espaço para a manifestação da Alma.

Buscamos elucidar e oferecer para quem estuda Enea-grama e para aqueles que buscam o equilíbrio de suas polarida-des feminina e masculina, com o objetivo de autodesenvolvimen-to e transformação pessoal, uma classificação baseada na teoria de Claudio Naranjo e ricamente interpretada por Beatrice Ches-tnut dos 27 subtipos de personalidades, e atrelamos esse conhe-cimento à manifestação das polaridades yin e yang em cada sub-tipo de personalidade.

Além disso, elaboramos uma análise detalhada sobre co-mo as energias yin e yang se manifestam nos diferentes níveis de consciência humana. E para isso adotamos como base para essa análise um dos modelos de níveis de consciência difundidos nos estudos sobre Eneagrama.

Propomos uma metodologia para que seja possível apro-fundarmos a compreensão a respeito da psique humana através da correlação com esses subtipos. No intuito de buscarmos am-pliar o caminho para manifestação de uma expressão mais com-pleta e autêntica de quem verdadeiramente somos, para além das limitações da personalidade, mapeando-a para, então, conse-guirmos através de trabalho de transformação pessoal, transpô-la.

Neste sentido, abordamos nesta obra o que são as ener-gias yin e yang, suas características quando em equilíbrio (aspec-tos curados) e desequilíbrio (aspectos imaturos) no ser humano, bem como o modo como elas se manifestam na personalidade através da nossa classificação para os 27 subtipos do Eneagrama e suas características com relação à predominância desequilibra-da em excesso, de uma das polaridades: yin ou yang. Bem como explicamos sobre a importância de equilibrarmos essas energias.

Uma das chaves desse conhecimento apresentado neste estudo tem a ver com que, muitos dos 27 subtipos do Eneagrama possuem uma das polaridades yin ou yang apresentadas, a qual é a máscara com que se expressam no mundo, enquanto a outra polaridade, que na verdade é a dominante fica escondida. Porém, nesse caso, a primeira age no mundo a serviço desta dominante. Enquanto isso não for compreendido e aplicado, qualquer trabalho de autoconhecimento com Eneagrama fica limitado.

Essa faceta sutil, a qual acreditamos que ainda não tenha sido identificada outrora, nem tão pouco explorada pelos estudos de Eneagrama faz com que percebamos que, essa teoria por nós desenvolvida pode contribuir de forma significativa no sentido de nos revelar a sombra do inconsciente e a manifestação do mesmo, no plano da personalidade humana, através do estudo dos 27 subtipos.

E então chegamos no que vem a ser a proposta de um caminho de trabalho interior, após termos mapeado a manifestação das personalidades humanas através do Eneagrama, indicando o caminho de trabalho que cada subtipo precisa realizar para se autodesenvolver, baseado na *Classificação dos Subtipos do Eneagrama com base na Teoria do Yin Yang* que propomos. A qual acreditamos ser uma ponte para o aprofundamento do estudo e busca pelo conhecimento, com fins de superação dos aspectos da personalidade que nos limitam.

E assim, apresentamos nesta obra a metodologia que desenvolvemos para a realização de um trabalho psicoespiritual a qual chamamos de *As Energias Yin e Yang e o Eneagrama: Um caminho de transformação e reconexão ao Deus e à Deusa esquecidos,* a qual adotamos na nossa escola de autodesenvolvimento chamada Escola de Luxor.

1
ENERGIAS YIN E YANG:
UM OLHAR SOBRE AS POLARIDADES

Amo a luz porque me mostra o canho.
E amo a escuridão porque me mostra as estrelas.
Nisso está o equilíbrio.

(Autor desconhecido)

As energias masculinas e femininas estão presentes no universo há bilhões de anos. São as energias criadoras e mantenedoras de todas as estruturas presentes no universo. Já o homem e a mulher estão presentes na vida, há poucos milhares de anos. Nós humanos somos bebês aprendendo a conhecer e a lidar com essas energias e a fazer nossa estrutura do ego funcionar através delas.

Quando abordamos a filosofia das energias yin e yang precisamos compreender que ela se baseia na filosofia taoísta chinesa[1] que fala sobre a dualidade que está presente em toda realidade natural e humana. No plano material, não existe o dia sem a noite, a vida sem a morte, a ação sem a inação, ainda que muitas vezes, estejamos em nossas vidas polarizados em apenas uma dessas duas facetas, as quais são antagônicas, por definição, do ponto de vista humano.

Porém, de acordo com o Taoísmo, embora sejam energias opostas, elas não estão em contradição, pelo contrário, se complementam ao dependerem uma da outra. Ou seja, quando em equilíbrio, uma não quer se impor sobre a outra, mas sim coexistir em equilíbrio a esta primeira. Portanto, para que uma delas exista, a outra também precisa existir, posto que elas não são autoexcludentes, coexistem.

Precisamos de consciência quanto ao fato de que não podemos estar equilibrados em uma delas, enquanto a outra está em desequilíbrio no nosso sistema pessoal. Porque o equilíbrio dessas energias só será possível se ambas estiverem 50 a 50% dentro de nós. Ou seja, só teremos o yin equilibrado, se também estivermos equilibrados no yang e vice-versa.

Ao mesmo tempo, não podemos cair na ilusão da separatividade - apesar de estarmos mergulhados em um plano de dualidade, um plano de terceira dimensão. Ou seja, tudo é UM, tudo está dentro de nós: o bem, o mal, a água, o fogo, a luz, a escuridão, a violência, a paz, os beija-flores, o tigre, o amor, inclusive o yin, o yang, ... Isso o círculo do Eneagrama nos mostra.

Assim, precisamos aprender a lidar com tudo isso em nós mesmos! E reconhecer essas energias é o primeiro passo para nos conscientizarmos da necessidade de equilibrá-las. Seguindo a máxima: se você quer que algo mude, ame e isso mudará por si mesmo! Buscando sair de um lugar de, não posso ter raiva, ciúme, não posso ser frágil, não posso deixar ninguém ver que sinto "coisas ruins", "não aceitáveis" e libertar-se! A fim de pesquisar com entrega e sem preconceitos ou julgamentos sobre o modo como nossa personalidade se manifesta, trazendo à tona as sombras que regem nossa psique para poder libertá-las, ressignificá-las e reintegrá-las.

Ao mesmo tempo precisamos perceber que vivemos numa realidade regida por diversas leis universais, como por exemplo, a lei da dualidade. Essa lei nos diz que "há duas forças que se confrontam, se distanciam e se antagonizam". E, apesar deste tipo de realidade ser única e desafiante - porque nos permite a manifestação de experiências "positivas" e "negativas", todas elas são experiências excelentes para ensinar às consciências a transcenderem as lições de vida, para que possamos evoluir como seres despertos, e lembrarmos quem verdadeiramente somos. Nos reconectando ao caminho da alma.

Outra questão primordial e essencial é compreendermos que a energia yin - feminina não representa necessariamente o corpo feminino, assim como a energia yang - masculina não representa necessariamente o corpo masculino. Além disso, todo homem e toda mulher trazem em si, tanto as energias yin como yang. O fato é que cada um de nós, em personalidade, tem uma delas que sobrepõe a outra. E esta funciona de forma a dominar a personalidade, mesmo quando não seria necessário ou desejável polarizar.

Desse modo acabamos vivendo na periferia de nós mesmos, uma vez que há um lado nosso que ainda é inexplorado e incompreendido e se torna como que a sombra de nossa personalidade, justamente por não ser visto e não se tornar consciente (o que não significa que não atue pelo inconsciente). Logo, há aspectos nossos que não conhecemos, os quais muitas vezes, justamente por serem pontos cegos nos dominam, ainda que de modo inconsciente.

Então quanto mais nos equilibrarmos nessas energias, tanto mais teremos uma vida equilibrada e harmônica. Pensando, sentindo e agindo sob demanda e não de modo exagerado e polarizado. Logo, com mais consciência sobre quando lançar mão de cada energia, conforme a vida pede. Evitando desgastes, dissabores, movimentos desnecessários e atitudes impensadas. Vivendo a partir de um lugar de maior consciência.

Por exemplo, se a vida está nos apresentando um desafio de espera, paciência, sobre respeitar o tempo para que as coisas germinem e frutifiquem, usaríamos então a energia yin para lidar com isso, de modo a aprendermos com a situação, aceitando e nos adaptando ao tempo das coisas (e não ao nosso próprio tempo). Já o contrário, quando a vida pedir que sejamos práticos, ágeis e decididos, usamos então nosso yang equilibrado para dar conta da demanda apresentada. De modo a escolher, decidir e agir sem dificuldade para fazer isso.

Para uma melhor compreensão, a seguir apresentamos um quadro com as principais características da energia yin e da energia yang.

YIN	YANG
É o princípio passivo	É o princípio ativo
Receptivo	Projetivo
Noturno	Diurno
Escuro	Luminoso
Frio	Quente
Lado esquerdo	Lado direito
Preto	Branco
Ceder	Impor
Concluir	Iniciar
Descansar	Despertar
Contrair	Expandir
Receber	Dar, prover
Consolidação da energia	Impulso da energia
Contração	Dilatação
Lento	Acelerado
Sistêmico/global	Focal/individual
Cooperativo	Competitivo
Detalhista	Prático
Introspectivo	Extrovertido
Subjetivo	Objetivo
Intuitivo	Mental
Paciente	Rápido/ágil
Sábio	Forte
Lunar	Solar
Observador	Impulsivo
Calmo	Agitado

Quadro 1: Características das energias yin e yang

Através do quadro 1 podemos perceber que as energias femininas e masculinas desempenham papéis essenciais nas nossas vidas, porque quando ambas estão a trabalhar e a dançar juntas, de forma harmoniosa, elas permitem que tenhamos uma vida também mais equilibrada, plena e consciente.

Quando adquirimos conhecimento e experiência suficientes, através de trabalho interior, para fundir ambas as energias feminina e masculina de forma equilibrada, elas permitem que alcancemos a verdadeira inteligência consciencial, o que nos aproxima de nossa alma, nossa parte sutil mais curada que podemos experimentar vivendo num corpo humano.

Portanto, aprendermos a equilibrar essas energias é uma chave para a iluminação da consciência. O que apresentamos no quadro 1 foram as energias yin e yang em equilíbrio. Porém, na maioria de nós essas energias estão em desequilíbrio, causando muitos problemas em nossas vidas, as quais também se tornam desarmonizadas e desequilibradas.

Precisamos observar as consequências que tais energias em desequilíbrio podem acarretar, principalmente a nós, mas também a todos que nos cercam. Então podemos nos perguntar: quando ocorre o desequilíbrio energético de nossas polaridades masculina e feminina? Podemos responder que é quando ambas estão em desarmonia dentro de nós. E então nosso ritmo pessoal passa a ser desarmônico. E quando isso se faz presente em nossas vidas há grandes desequilíbrios que acabamos atraindo, devido à falta de consciência da presença da outra polaridade no nosso sistema. E de não termos acesso a esta outra faceta que também é indispensável.

Quando isso ocorre, uma energia pode ocupar um espaço que não é natural, havendo predomínio de uma sobre a outra (excesso), onde a vibração Yang será excessivamente acelerada (ativa) e a Yin excessivamente contida (passiva), gerando deficiências ou sobrecargas. Precisamos ter consciência que, uma só se equilibra em função do equilíbrio da outra. Mas esse equilíbrio é resultado de muito trabalho e esforço de autodesenvolvimento psicoespiritual.

A seguir apresentamos um quadro com o que podemos chamar de sintomas referentes ao desequilíbrio das energias yin e yang e demonstrar o que acabamos manifestando quando estamos com excesso de uma e, consequentemente, com falta da outra.

É importante compreendermos que, quanto mais baixo for o nível de consciência de uma pessoa, mais em desequilíbrio nas polaridades yin e yang ela está. E o contrário também é verdadeiro. Conforme vamos avançando no processo de autoconhecimento e passamos a dominar melhor nossa personalidade, melhor vamos equilibrando as energias feminina e masculina dentro de nós.

SINTOMAS DE EXCESSO DA ENERGIA YIN	SINTOMAS DE EXCESSO DA ENERGIA YANG
Acolhedor, sem pensar em si	Pode ser raivoso, explosivo e agressor
Dificuldade em tomar iniciativa e decidir	Aceleração mental e física, decide sem pensar
Ideias mais confusas, inconsistência	Desconexão interna; corpo tenso, não relaxa
Dificuldades em empreender	Falta movimento harmonioso
Pode ser lento, melancólico, disperso	Otimismo eufórico, quer convencer
Alienado, depressivo e pessimista	Metódico, dorme pouco, fala ininterrupta, lança palavras sem ouvir o outro
Inicia projetos, mas tem dificuldade de concluí-los	Dita condutas, possui rigidez moral e, portanto, são muito seletivos
Voz baixa, opina pouco	Voz alta, opina sem ser pedido
Dependência	Exaltação, impaciência
Adiamento	Vida social ou familiar cheia
Timidez	Excesso de confiança, exibicionismo
Ambiente desorganizado, acumulador	Ambiente minimalista, mais frio
Sonolência	Insônia
Facilidade de retenção de líquido	Facilidade em contraturas
Movimentos contidos	Movimentos extravagantes
Pele flácida pela retenção de líquidos	Pele rígida, músculos firmes
Alta sensibilidade	Baixa sensibilidade, não foca nas emoções
Pouca energia	Ansiedade, tem muita energia
Doenças crônicas (implosão)	Doenças agudas (explosão)

Quadro 2: Sintomas do excesso de yin e Yang

Conforme percebemos no quadro 2 há muitos desequilíbrios manifestos em nossas vidas quando temos as energias masculina e feminina em desarmonia. E então percebemos que há dissabores para todos nós, seja lá qual das duas polaridades temos em excesso e qual temos em falta. Sendo imperativo que trabalhemos para o equilíbrio de ambas as polaridades, a fim de vivenciarmos uma expressão de vida mais completa e harmônica.

Quando começamos a realizar um trabalho de auto-observação começamos a lidar com o que podemos chamar de "Lei do Pêndulo". Essa lei nos diz que "Toda vez que uma vibração chega ao seu limite, ela se transforma no seu oposto complementar." Ou seja, quando chegamos no ápice da manifestação de um dos polos, seja ele yin ou yang, naturalmente iremos fazer o mesmo movimento que um pêndulo faz, indo rapidamente para o outro extremo, ou seja, alguém que é muito yang passa a experimentar um excesso de yin e vice e versa. E, nesses momentos, a pessoa não se reconhece, de tanto que muda sua forma de ver, sentir e agir na vida.

Mas isso nada mais é do que a nossa natureza buscando o autoequilíbrio. E então passamos a experimentar o oposto de quem éramos até então, ainda que esse movimento ocorra esporadicamente e de forma momentânea. Porém, isso pode se dar por dois motivos. O primeiro ocorre alienado à pessoa, ou seja, é a natureza causando esse impacto. E nesse caso, a pessoa experimenta por breves momentos essa energia e retoma seu antigo lugar energético. Sem nenhuma consciência sobre esse movimento.

Já o trabalho que queremos propor é baseado em um movimento consciente, através da auto-observação pessoal e da tomada de consciência da necessidade de transformação em busca do equilíbrio.

Ocorre, muitas vezes, de alguém extremamente manso e dócil (yin), de repente, estourar na agressividade do yang. E é tudo equilíbrio! E, claro que isso pode ser compreendido em tempo de que o excesso não ocorra e a explosão não aconteça, mas fato é que essa pessoa não está acostumada a acessar essa sua outra polaridade. Então nas primeiras vezes que ocorrer, dificilmente ela conseguirá segurar esse impulso. O que irá requerer trabalho com sua sombra para se equilibrar e harmonizar.

A seguir olharemos para os aspectos da expressão das energias yin e yang nos relacionamentos, o que acreditamos que contribuirá para um melhor entendimento da manifestação de ambas as energias em nossas vidas.

1.1 YIN E YANG E OS RELACIONAMENTOS AFETIVOS

Para o filósofo e poeta Ralph Waldo Emerson, em sua obra *Homens Representativos*, existe na natureza a atuação da Lei da Compensação. Essa é uma das leis mais antigas do universo. Tudo gira em torno do equilíbrio e do desequilíbrio considerando que o mundo é dual em todos os sentidos. Assim é com o ser humano, assim é com a natureza. Noite e dia, preto e branco, claro e escuro, forte e fraco, bom e mau, quente e frio, virtude e defeito e assim por diante. Polaridade, ação e reação, ponto e contraponto estão presentes em todas as forças da natureza. A dualidade existe para compensar os desequilíbrios.

Esta lei da natureza está relacionada com a questão da busca pelo equilíbrio do yin e yang. Isso nos leva a buscarmos encontrar fora de nós aquilo que não temos como recurso interno. Ou seja, em nível físico, buscamos nos parceiros, pessoas que tenham a energia oposta à nossa, a fim de nos sentirmos completos e mais equilibrados nas polaridades yin e yang. Compensando, com algo de fora, o que sentimos como carência interna.

Sendo assim, uma pessoa que manifesta majoritariamente a energia yin, buscará inconscientemente alguém que manifeste a energia yang majoritariamente, para sentir-se equilibrada, pois como não tem o acesso disponível facilmente em seu campo, buscará fora. E vice-versa, para quem é yang que buscará inconscientemente alguém que vibre predominantemente na energia yin.

Para melhor perceber isso, olhe a sua volta os casais que você conhece, ou você mesmo e seu(a) parceiro(a) ou parceiros anteriores. E comprovará essa teoria, uma vez que, certamente, você comumente atraiu para sua vida alguém que manifesta ou manifestava a energia oposta à sua. Porém, de forma inconsciente, pois ocorre baseado na lei da ressonância física, de que opostos se atraem em busca de equilíbrio.

Quando o oposto complementar aparece é a natureza que, de certa forma, está se encarregando de nos ajudar a integrar/acolher, fazendo com que tenhamos maior compensação e menos dificuldades.

No entanto, essa dinâmica funciona por um tempo. Porque, em verdade, todos viemos ser completos e plenos em nós mesmos, sem termos que contar com um outro que vá "segurar a barra" para nós, por conta de não termos um dos polos energéticos desenvolvidos suficientemente em nós mesmos.

Ou seja, o polo complementar não pode ser alguém externo a nós. Portanto, quando começamos a evoluir no caminho do autodesenvolvimento, no sentido de irmos tendo maiores condições de nos autoequilibrarmos nas energias yin e yang, começaremos a nos mover conscientemente em direção ao equilíbrio das nossas polaridades masculinas e femininas - o que ocorrerá através de muito trabalho de autoconhecimento, trabalho com nossas sombras, trabalhos de limpezas energéticas, kármicas, ressignificação de padrões limitantes e de modelos mentais e emocionais disfuncionais, cura da criança ferida, cura de pai e mãe, enfim, uma série de reelaborações que precisamos fazer em nossos campos físico, mental, emocional, corpos sutis e espirituais.

E assim, quando passamos a acessar de modo mais livre, tanto a energia masculina, quanto à feminina dentro de nós, sentimo-nos mais plenos e realizados. Nesse sentido, o parceiro(a) que chegará em nossas vidas, não necessitará ter uma ou outra energia em excesso para nos oferecer porque estaremos nos manifestando de modo mais equilibrado. Nesse sentido, iremos atrair parceiros também equilibrados, se assim estivermos. E o que ocorrerá é um transbordar entre os parceiros, e não mais um apoio para suprir carências energéticas pessoais.

É comum acontecer de que muitos relacionamentos se desfaçam quando um dos parceiros começa a realizar trabalho de autoconhecimento e começa a se mover no sentido de buscar esse equilíbrio pessoal e o outro não. Se essa pessoa, com o tempo, passar a alcançar algum êxito nesse processo, caso o(a) parceiro(a) não faça o mesmo caminho e busque se autoequilibrar também, por falta de ressonância, eles não mais se atrairão.

Uma vez que, aquele que está em déficit de uma das polaridades se sentirá carente da troca simbiótica que havia enquanto ambos estavam servindo de "apoio" energético para o outro. E, aquele que está mais equilibrado em si, também não sentirá mais afinidade energética com o outro, porque necessitará, por ressonância, de alguém também mais equilibrado, que não exija dele o que já não tem mais em excesso para oferecer.

Esse processo é muito bonito, muito sábio e dinâmico. E, toda vez que alguém consegue acessar a polaridade que antes não tinha quase acesso por conta de condicionamentos pessoais, essa pessoa passa a acessar partes suas mais ricas, profundas e se torna alguém mais completo, mais realizado em si. Acessando facetas mais conscientes, o que consequentemente, oportunizará que ela ofereça esse equilíbrio a si e ao mundo.

> O casamento entre um homem e uma mulher depende de um outro casamento mais interior e definitivo: o casamento das forças yin e yang que também agem no interior de cada um dos sexos. (ELY BRITTO).

Logo, uma das principais formas de aprender mais sobre nós e sobre nos equilibrarmos é através dos relacionamentos. No entanto, por muito tempo, a permanência das relações era baseada tanto na dependência financeira, como na aparência social, que mantinham uniões. Hoje, na maioria dos casos, para a duração de uma relação há que prevalecer as afinidades energéticas, emocionais e mentais entre os parceiros, para que haja, paralelamente, o casamento mais importante que é o de cada um com sua própria divindade, respeitando a divindade do outro. Ao que podemos traçar um paralelo com o que Jung chamou de individuação.

Como crescimento mútuo, é necessário que cada parceiro perceba que representa, inconscientemente, o reflexo complementar do interior do outro. E, ao tomar consciência disso, possa agir com maior nível de tolerância, empatia e ajuda mútua ao compreender como funcionam as dinâmicas inconscientes nos relacionamentos.

A busca pela integração do nosso feminino e masculino, do potencial de nosso pai e mãe e de nossos ancestrais em nós, do inconsciente com o consciente, da vontade com a realização, do sagrado com o profano, da ciência com a filosofia, do som com o silêncio, da amada com seu amante... e tantos outros... será sempre a união alquímica, a pura potencialidade. E quando isso ocorre é como se o céu está na Terra para a alma que experimenta esse equilíbrio.

Portanto, enxergarmos os desequilíbrios internos e acolhê-los, olharmos atentamente para nossas emoções, comportamentos e manifestações é condição imperiosa para podermos transformá-los a partir de uma perspectiva mais ampla.

E isso precisa ocorrer sem autocobranças, autoflagelos, culpas, medos. É preciso ter coragem para se olhar e perceber o que ainda é preciso modificar. E assim, ao fazermos esse trabalho pessoal, usarmos o melhor das duas Energias –Yin e Yang:

Yin – para nos acolhermos, nos autonutrirmos, sermos pacientes e amorosos conosco.

Yang – para tomarmos a iniciativa de nos transformarmos, sendo assertivos, diretos, impetuosos e corajosos nessa busca.

Quando adquirimos conhecimento e experiência suficientes para fundir ambas as energias de forma harmoniosa, isso permite que alcancemos níveis de sabedoria espiritual mais conscientes. Por isso, aprendermos a equilibrar as energias masculina e feminina é a chave para a crescimento espiritual.

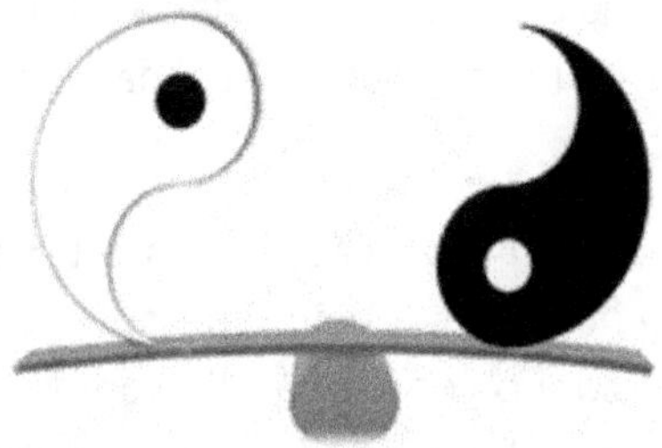

Figura 1: Equilíbrio entre masculino e feminino

Um outro trabalho interno também nos aguarda quando o tema é equilíbrio de nossas polaridades yin e yang. Porque vivemos em uma sociedade ainda patriarcal, na qual o feminino é desconsiderado e desvalorizado. O polo feminino é aquele que está conectado com a leveza, o lazer, a intuição, a sensibilidade e as emoções. E todas essas energias não são valorizadas pela sociedade materialista, de consumo e patriarcal. Na qual o que vale é o quanto adquirimos de patrimônio material, capacidade mental e raciocínio lógico. Não que essas coisas sejam ruins. A questão é que não deveriam ser consideradas fins em si, como a sociedade costuma valorizar, mas sim, meios para chegarmos até nós mesmos.

Portanto, descaracterizando o feminino acabamos por descaracterizar o masculino também e é nesse ponto que insistimos quando dizemos que o retorno do feminino não é apenas interessante às mulheres, mas aos homens também. Porque assim sendo, ambos poderão recuperar sua plenitude, à medida que os valores femininos forem vivenciados.

Resgatarmos a princesa oculta no fundo da caverna é enfrentar os monstros que a deixaram guardada. É uma verdadeira jornada iniciática, em busca da princesa que dorme no alta torre, ornando-lhe a fronte, uma grinalda de hera. E o buscador, a princípio, é por ela ignorado, ele para ela não existe, ela para ele é ninguém. Mas um dia, após vencer a estrada e os perigos que nela estavam, ele poderá entrar na torre, levar a mão, erguer a hera, e descobrir que ele mesmo era a princesa que dormia. Conforme o poema de Fernando Pessoa transcrito a seguir nos mostra. (Autor desconhecido)

Conta a lenda que dormia
Uma Princesa encantada
A quem só despertaria
Um Infante, que viria
De além do muro da estrada.

Ele tinha que, tentado,
Vencer o mal e o bem,
Antes que, já libertado,
Deixasse o caminho errado
Por o que à Princesa vem.

A Princesa Adormecida,
Se espera, dormindo espera.
Sonha em morte a sua vida,
E orna-lhe a fronte esquecida,
Verde, uma grinalda de hera.

Longe o Infante, esforçado,
Sem saber que intuito tem,
Rompe o caminho fadado.
Ele dela é ignorado.
Ela para ele é ninguém.

Mas cada um cumpre o Destino —
Ela dormindo encantada,
Ele buscando-a sem tino
Pelo processo divino
Que faz existir a estrada.

E, se bem que seja obscuro
Tudo pela estrada fora,
E falso, ele vem seguro,
E, vencendo estrada e muro,
Chega onde em sono ela mora.
E, inda tonto do que houvera,
A cabeça, em maresia,
Ergue a mão, e encontra hera,
E vê que ele mesmo era
A Princesa que dormia.

Fernando Pessoa, in "Cancioneiro"

Podemos fazer uma interpretação livre sobre o poema de Fernando Pessoa *Eros e Psique* sobre o masculino e feminino em cada ser humano. Onde, tamanha é nossa inconsciência sobre quem somos, que desconhecemos as forças e polaridades existentes em nós. O poema também apresenta a importância do reencontro com o feminino em todos nós.

As energias Yin e Yang são conceitos complexos. Elas indicam polaridades e não devemos nos esquecer que o Yin traz o Yang dentro de si e o Yang traz o Yin dentro de si. Não se opondo, mas se complementando, se unindo na dança cósmica da manifestação universal. Uma dança, um fluir por momentos da existência.

Precisamos mergulhar na energia feminina e resgatarmos seus valores enfrentando os paradigmas que fizeram da civilização euro-burguesa, que nos domina, ser aquilo que ela é hoje, baseada na lógica masculina e patriarcal. Como numa equação de balanceamento químico, se alteramos qualquer dos dois lados do processo, o Todo sofre com isso. Precisamos caminhar para o equilíbrio dessas polaridades. E assim, igualmente, precisamos rever e aprender sobre as características do que vem a ser o mas culino maduro, que é igualmente divino e importante quanto o feminino maduro.

Acessarmos nossas feridas, entrar em contato com as nossas emoções é a porta para encontrarmos o caminho para a cura psicológica que precisamos fazer. As emoções são o acesso à linguagem pela qual nossa alma fala conosco, no afã de nos colocar em sintonia com aquilo que viemos aprender e desempenharmos na escola da vida. Porém, não fomos estimulados a olharmos para nossas emoções, nem tampouco aprendemos a lidar com elas. E esse acesso é o caminho que oportunizará o trabalho psicológico necessário às personalidades em desenvolvimento.

A seguir apresentamos características do masculino (yang) e do feminino (yin) imaturos e maduros, de modo contextualizado, com o enfoque nas relações humanas.

CARACTERÍSTICAS DO YANG IMATURO (não curado)

- Vai para o mundo com força, se sobrepondo ao mundo e aos outros, fazendo o que quer, seguindo suas próprias regras.

- Sente-se abandonado pela divindade. Se sente traído pela divindade masculina Deus Pai.

- Não confia em nada nem em ninguém.

- "Eu por mim!"

- Não confia na vida, nem no(a) parceiro(a) ou na força das relações.

- Foge das emoções.

- "Sabe" o que é o "correto". Só tem uma régua: a sua.

- É impaciente, Individualista.

- Demonstra prepotência e se sente dono da verdade.

- Sente medo de brochar, de "não dar conta".

- Acredita que precisa "comer todas" para se sentir homem de verdade.

- Só respeita as mulheres pelas quais sente atração.

- Mulheres yang acreditam que precisam ser melhores que os homens. Competindo com eles.

- Não sabe receber "não" como resposta. (criança ferida – se fecha).

- Não sabe dizer não às pessoas que demonstram fragilidade. (Arquétipo do herói salvador e protetor a qualquer tempo e custo).

- Homens yang acreditam que as mulheres são responsáveis por criarem os seus filhos.

- Acredita que o feminino é emotivo demais, perdendo a paciência com este.

- Acredita que o feminino é traidor e vingativo.

- Crê que mulher troca amizade por namoro, porém homem é um amigo mais leal do que mulher.

- "Não sou bom o suficiente como sou."

- Se sobrecarrega para provar que "dá conta", que consegue.

- É competitivo.

- Pode ser viciado em adrenalina.

- É controlador.

- Não assume relacionamentos e não se entrega, nem confia no feminino.

- Não sente amor por si e sim orgulho.

- Desconexão da natureza. Se percebe maior e melhor que os demais seres sencientes. E a utiliza como instrumento de domínio e subserviência às suas necessidades pessoais, em detrimento do coletivo.

CARACTERÍSTICAS DO YANG MADURO:

- Reconhece seus limites.

- Não foge de se responsabilizar por suas ações que magoaram alguém, assumindo-as e arrependendo-se, incluindo um sincero pedido de desculpas.

- Demonstra sentimentos e vulnerabilidade.

- Conecta-se a partir do cardíaco com relativa facilidade.

- Sente confiança verdadeira mesmo quando criticado.

- Aceita olhar para as críticas como possibilidade de melhoria em si e em sua vida.

- Vive a vida sem estar julgando ou diminuindo as pessoas.

- Não está focado em performance na vida, nem em relações sexuais. Está conectado ao sentir e estabelecer conexão verdadeira pelo cardíaco.

- Respeita o tempo do(a) parceiro(a) na relação.

- Se ama de verdade e não apenas sente orgulho de si.

- Ajuda o(a) parceiro(a) a se sentir seguro(a), visto(a), compreendido(a) e amado(a).

- Abre mão da necessidade de estar sempre certo.

- Enxerga o conflito como oportunidade de crescimento e conexão.

- Consegue relaxar ao ficar sem fazer nada e não sente ansiedade por isso.

- Comunica o que está sentindo.

- Substitui críticas por elogios.

A energia masculina é uma energia inteligente e invisível que possui as qualidades do pensamento analítico e racional, competição, determinação, foco, pensamento linear, ação e pensamento com o lado esquerdo do cérebro.

A seguir apresentamos características do feminino (yin) imaturos e maduros, de modo contextualizado, com o enfoque nas relações humanas.

CARACTERÍSTICAS DO YIN IMATURO (não curado)

- Dramatiza emoções e situações da vida.

- Simula dores, mágoas, sintomas.

- Pede energeticamente demais e se doa pouco energeticamente. E, quando provê é para poder receber algo em troca.

- Se sente impotente diante da vida e dos outros.

- Não toma as rédeas de sua vida, relegando decisões importantes ao parceiro(a) ou familiares.

- É submisso, não reage, não escolhe e não decide. Coloca nas mãos dos outros decisões que seriam suas.

- Articula conseguir o que quer por meio da manipulação (controla manipulando).

- Usa o arquétipo da criança ferida – que faz "manha", birra, chantagem e drama para conseguir o que quer.

- Busca ser útil na tentativa de ser amada(o). (Arquétipo da mãe salvadora e nutridora a qualquer tempo e custo).

- Acredita que não existe amizade e sororidade verdadeira entre mulheres. Acredita que todas são competitivas.

- Crê que sendo meiga(o) conseguirá o que quer e acaba engolindo suas emoções e sendo sufocada(o) por elas para evitar conflitos nas relações.

- Se anula quando apaixonada(o).

- É dissimulada(o).

- Vivencia o apego em suas relações.

- Acredita que precisa ser indispensável, útil e servil ao outro para garantir que será amado.

- Tem dificuldade de separar as emoções que os fatos lhe causaram, do fato em si.

- Tem dificuldade em expor suas reais necessidades e intenções.

- Tem dificuldade de elaborar projeto de vida, porque tem dificuldade em foco, escolha, decisão e ação.

- Possui dificuldade de levar seus projetos adiante, e costuma não concluir o que inicia, seja por falta de força de vontade, falta de foco ou procrastinação.

- Geralmente é acumulador e desorganizado.

- Costuma atrasar-se para compromissos.

- Dificuldade em cumprir agenda.

- É inseguro e desconfiado.

- Não curte estar sozinho em sua própria companhia e se sente solitário quando sozinho (não sabe viver na solitude).

- Sonolência.

CARACTERÍSTICAS DO YIN MADURO:

- É paciente e respeita o fluxo da vida com confiança e entrega (aceita o tempo entre semear, cultivar, colher).

- Pondera, sente e pensa antes de agir.

- Age de acordo com a intuição, com o coração e mente em equilíbrio.

- É forte através da força da doçura.

- É potente em nutrir com amor a si mesmo e àqueles que estão a volta com quem compartilham amor e empatia.

- Vive a vida através de uma visão sustentável e holística, conectando todos os eventos.

- Vive através da sincronicidade.

- Vive em paz com seu corpo, sem criticidade e julgamentos a ele.

- Vivencia sua sexualidade sem tabus, autojulgamentos, com liberdade, responsabilidade e segurança.

- Respeita o(a) parceiro(a) em suas necessidades pessoais e sabe estar apenas consigo, sem demandar atenção constante do(a) parceiro(a).

- Acredita na sororidade entre mulheres.

- Possui autoconfiança e independência.

- Aprendeu a dar amor a si mesmo, antes de oferecê-lo aos outros.

- Sente-se conectado à natureza, fazendo parte dela, respeitando seus ciclos e toda forma de vida.

- Mantem seu espaço com empatia.

- Não se sente menor diante de um masculino forte.

- Se torna ativo(a), sob demanda. E sabe descansar na espera.

- Não se culpa por não poder dar conta de nutrir a todos a sua volta.

- É cooperativo e colaborativo. Vibra no coletivo.

- Claro ao comunicar seus limites e necessidades.

- Aprecia sua própria companhia (solitude).

Assim como a energia masculina, a energia feminina é igualmente uma energia inteligente invisível, que tem as qualidades da intuição, compaixão, emoção, criatividade, empatia, colaboração, pensamento holístico e pensamento com o lado direito do cérebro.

1.2 CONSEQUÊNCIAS DA POLARIZAÇÃO DE UMA DAS ENERGIAS SOBRE A OUTRA

O desequilíbrio das energias masculinas e femininas é uma das causas fundamentais do sofrimento humano, porque afasta-nos de um estado de equilíbrio e harmonia com a Natureza. Hoje, vivemos num mundo onde a energia masculina se tornou tão forte e distorcida que enfraqueceu a energia feminina, impedindo-a de expressar suas qualidades de forma eficaz.

A maioria das pessoas ainda tem sido condicionadas para apoiar somente a energia masculina, razão pela qual vivemos numa sociedade que depende muito da matemática, lógica e da ciência para compreender a vida, desconsiderando aspectos intuitivos e as emoções, que igualmente são aspectos importantes em um ser humano equilibrado, tendo os hemisférios esquerdo e direito do cérebro funcionando em sintonia e sob demanda.

E o que acontece quando o feminino é suplantado pelo masculino? O resultado da distorção e supremacia do masculino tem manifestado situações potencialmente destrutivas para a Terra, como guerras, produção de armas nucleares, inteligência artificial, organismos geneticamente modificados, religiões dogmáticas, patriarcais e governos autoritários.

Podemos apontar algumas consequências pontuais desse desequilíbrio:

- Sociedade baseada no lucro, no resultado, na produtividade e não nos sentimentos das pessoas.

- Supervalorização da energia masculina pela sociedade patriarcal que é competitiva, em detrimento da cooperação.

- Liderada, em sua maioria, por homens. Quando há mulheres na liderança, essas se adaptaram e assumiram os valores do masculino tóxico na sua expressão.

- Valorização da força, desrespeitando a intuição e tendo-a como algo irreal.

- Valorização do material e do paradigma científico, em detrimento do paradigma holístico, psicoespiritual e intuitivo.

- Visão de mundo exclusivista, baseada em privilégios, meritocracia e não no cooperativismo.

- Lógica do "manda quem pode, obedece quem precisa".

- A Natureza e seus ciclos não são respeitados. Guerras e armas surgem.

- As religiões tornam-se dogmáticas e servem como mecanismos de manutenção do controle, do poder e do patriarcado.

- O modo de obter o que se quer é primordialmente à base da imposição e da força.

- O indivíduo fica bastante autocentrado.

- Sentir não é mais permitido. Falar o que se sente então é impraticável!

- Há a prevalência da razão, ao invés do uso da intuição.

- A sincronicidade e a intuição são esquecidas e o tempo passa a ser um inimigo.

Assim como também, a supervalorização do feminino em detrimento do masculino estão presentes e traduzem aspectos menos comuns na sociedade em geral. Porém, muito comum no meio espiritualista que desvaloriza a energia masculina:

- Supervalorização da energia feminina, por considerá-la sutil e intuitiva, possibilitando acessos ao mundo espiritual, em detrimento da energia masculina, ao considerar esta como mais "bruta" e menos espiritual e engajada.

- Quando há a percepção de que o masculino dominou por tanto tempo pela força, acaba-se, muitas vezes, alimentando apenas a energia feminina – voltada para a intuição, amorosidade e empatia. Muitas vezes, isso ocorre por medo de voltar a vibrar na energia da força e competição que tanto magoou, suplantou e desvalorizou a vida e a natureza. Porém, essa manifestação, muitas vezes, é feita de modo artificial, para dissimular o desequilíbrio energético das pessoas, já que, se o masculino nessa seara é desvalorizado, então as pessoas aprendem a negá-lo, o que é diferente de curá-lo e equilibrá-lo.

Mas isso também nos gera desequilíbrios. Por quê?

O que acontece quando esse masculino é suplantado pelo feminino? Olhar preconceituoso para com o masculino, enxergando essa energia como "malvadinha", dominadora demais, impositora e até mesmo agressiva e controladora!

- Acabamos tendo dificuldades para realizar na vida prática, o latente.

- Medo de mostrar a força, o fogo, pois teme-se voltar a ser agressivo, a voltar a cair na velha armadilha do masculino.

- E, assim, tornamo-nos passivos demais diante dos egos alheios, diante da necessidade de mudanças na vida.

- Impotentes diante das cobranças sociais. Diante de quem percebe nossas fragilidades. E faz uso de mecanismos de controle desse nosso feminino piedoso e compassivo. Empático em excesso, que esquece de si mesmo.

E como superar essas distorções? Transgredindo o sistema!

Superando os tabus impostos por um sistema patriarcal e capitalista que vibra no paradigma do lucro às custas da realização humana. E buscando equilibrar suas polaridades feminina e masculina, buscando o mais maduro de cada uma dessas energias, a fim de superar os limites culturais, históricos e sociais impostos pela sociedade.

Podemos lançar luz a um aspecto que é bastante importante de ser considerado no processo de ressignificação do desequilíbrio existente entre homens e mulheres. Podemos dizer que, de um modo geral, os homens são educados e estimulados ainda hoje (embora cada vez menos, felizmente) ao sexo e, ao mesmo tempo, são desestimulados a sentir e manifestar suas emoções ("menino não chora" ou "Chorar é coisa de menininha"). Ao ponto de que muitos homens, quando indagados sobre quais emoções e sentimentos estão sentindo e vivenciando, acabam dizendo coisas como: "Sinto frio!", ou então: "Sinto fome!" Tamanha é sua desconexão com o sentir e com suas emoções e sentimentos. Acessando apenas sensações físicas, confundindo-as com emoções.

Em contrapartida, as mulheres são estimuladas a sentir emoções e desestimuladas a vivenciarem a sexualidade de seus corpos ("menina não senta de perna aberta", "não deve se tocar", "vivenciar o prazer"). Então à menina, desde cedo é atribuído o papel de nutrir, de ser a mãezinha, aquela que se emociona, que é sensível com os sentimentos dos outros. Não que se emocionar com e pelo outro seja um erro, pelo contrário, é muito importante que possamos aprender a olhar para nós e para além de nossas necessidades. Porém, isso é feito apenas com a mulher, de modo a levá-la a sentir culpa quando pensa em si primeiro. Já o menino é criado para aprender a ser esperto e, se possível, tirar vantagem de tudo e de todos, desconectado da empatia.

À mulher coube ser apartada de sua sexualidade, considerando o sexo um tabu, algo feio de se dar vazão através de uma sexualidade mais "livre". Enquanto aos homens é proibido sentir e se emocionar ("isso é coisa de mulherzinha") e estes são ensinados a apenas conectar com a sexualidade, penetrar sem o envolvimento com sentimento porque isso é visto como fragilidade e desestimulado.

Logo, como pode que criações e expectativas tão diferentes possam gerar equilíbrio e conexão entre esses dois seres? Eles basicamente são criados para serem inimigos. A mulher sente que o homem não se entrega aos sentimentos (sim, não consegue! Não foi ensinado a isso quando menino) e o homem acredita que a mulher é muito sentimental e não tem paciência para lidar (sim, ela foi ensinada desde cedo a ter empatia e a conectar com o que os outros sentiam).

Portanto, homens e mulheres são criaturas préformatadas pelos valores da sociedade, pelo o que o mundo espera deles. E isso implica em não estarem completos em si, conectados integralmente com coração-corpo-mente. Ambos estão cindidos, os homens (majoritariamente yang), da conexão com suas emoções e sentimentos e as mulheres (majoritariamente yin), cindidas da expressão de sua sexualidade, energia indispensável para criar vida!

Então como superar essas distorções? Podemos pensar em algumas possibilidades como:

- Estar em si, buscando estarmos completos, sem a necessidade de usarmos os outros como bengalas para nossas carências energéticas.

- Curando nossa criança ferida, que carrega consigo frustrações e mágoas nunca reconhecidas, desde a infância, as quais nunca foram olhadas para serem ressignificadas.

- Realizando trabalho de autoconhecimento e autodesenvolvimento pessoal.

- Nos observando, estando consciente da atuação de nossos egos.

- Meditando a respeito do que podemos melhorar, crescer.

- Buscando viver a partir de um correto acesso ao nosso cardíaco.

- Compreendendo a dor fulcral do outro (da polaridade contrária a que predomina em si). Reconhecendo que há dor em ambos os polos desequilibrados.

- Olhar para nosso yin e yang, do ponto de vista dos subtipos do Eneagrama, enxergando qual energia temos em carência e qual temos em excesso para buscar equilibrá-las (como veremos no capítulo 2).

Reconhecendo que todos nós, homens e mulheres, necessitamos buscar nos equilibrarmos nessas forças, para que possamos experimentar o mais sublime e completo estado de ser.

Porque do ponto de vista do eletromagnetismo, a energia femini-na é a força elétrica e a energia masculina é a força magnética. E necessitamos desses dois impulsos para vivermos uma vida har-mônica, consciente e em plenitude.

A seguir abordamos como o desequilíbrio das energias yin e yang possuem correlação com a cisão com o Divino Masculino e com o Divino Feminino em todos nós, bem como com as figuras arquetípicas de pai e mãe.

1.3 YIN E YANG E SUA RELAÇÃO COM DEUS E A DEUSA ATRAVÉS DOS ARQUÉTIPOS DO PAI E DA MÃE

Desde os primórdios dessa humanidade o ser humano possui uma relação conflitiva com a energia Sagrada. Ora huma-nizando seus deuses, nos panteões politeístas e ora cultuando um Deus soberano. Ao mesmo tempo, podemos considerar a duali-dade existente, em que de um lado, houve por muito tempo, o culto a uma fé cega em um Deus punitivo, castrador, que punia os pecadores e estava distante da humanidade (religiões patriar-cais). E de outro lado, o culto à Deusa que se aproximava da hu-manidade e se manifestava através da natureza (ritos e cultos pagãos à Deusa, religiões matriarcais). Ambos os arquétipos, Deus e Deusa se desenvolveram em culturas diferentes, com visões igualmente diferentes sobre o sagrado e o profano. Dependendo da cultura dominante, em regra geral, havia sempre a disputa entre um Deus Masculino e uma Deusa Feminina.

O culto à Deusa pagã ruiu quando os homens, a serviço de um Deus judaico-cristão, decidiram que o prazer não poderia estar atrelado ao sagrado e à espiritualidade. Que os mistérios femininos e alquímicos afrontavam o poder de um Deus que era masculino, magnânimo, único, julgador e coercitivo. O qual exigia que todos fossem tementes a Ele. E negassem qualquer fonte de prazer, considerando-a imoral. Separando o corpo do espírito. Logo, gerando uma grande cisão e ruptura no ser humano com a energia cósmica universal criativa.

O culto ao feminino ficou relegado, seus seguidores perseguidos e aqueles que não foram queimados em fogueiras, ficaram abandonados ao relento nas florestas, em noites sem luar. Em um misto de saudade da conexão com a Deusa, com o sentimento de abandono e traição por parte de sua Grande Mãe. Que parece ter voltado para o centro da Terra incomunicável.

O nível de consciência que a humanidade tinha nessa época fez com que o culto ao Deus Masculino e à Deusa Feminina tivessem uma conotação de disputa entre si. Ao invés de serem pautados em ideais que pudessem se complementar. A cisão desarmônica entre estas duas linhas de culto ao Sagrado – feminino e masculino, desenhou o que veio fortalecer na humanidade a expressão social existente entre homens e mulheres. Fortalecendo ainda mais a cisão interna neles, quanto aos seus próprios aspectos masculino e feminino internos.

O resultado desse processo histórico e "civilizatório" foi que a humanidade se viu desamparada pelos dois grandes pilares de sustentação da manifestação material da espiritualidade e de sua conexão com a Fonte Criativa. Desaguando na impossibilidade de se sentir parte do Todo, parte da natureza e da Fonte. E, ao mesmo tempo, sentindo medo da sua própria origem, baseada em histórias míticas sobre o pecado da maçã, tornando a todos culpados de serem quem são, por terem vindo de onde vieram. Denotando em uma história baseada no medo do julgamento por parte de um Deus que pune severamente. E de uma Deusa que se recolheu e se ocultou nas brumas do patriarcado.

O que acabamos de mencionar trata-se de um breve resumo sobre a história de homens e mulheres que, de geração em geração, embora buscassem a cura e a reconexão, aprofundaram através de seus cultos e tradições sobre o sagrado, a cisão interna e externa que vivemos nas sociedades atuais, entre masculino e feminino.

Quando abordamos a necessária ressignificação dessa cisão, é para convidar que, tanto homens quanto mulheres, possam tecer um novo olhar à uma nova visão da espiritualidade com relação ao sagrado, que só se completa quando considerarmos as duas energias manifestas através do feminino (yin) e do masculino (yang), tanto em homens como em mulheres.

A busca pelo sagrado, em todas as épocas da humanidade, sempre foi pela reconexão com o Deus masculino *ou* com a Deusa feminina, sem levar em consideração a necessária cura da cisão mencionada entre essas duas polaridades em nós.

Tal cisão reflete facetas muito profundas trazidas em nossa psique, de abandono e de desamparo por parte de Deus Pai e, ao mesmo tempo, de não cuidado e falta de nutrição da Deusa Mãe. Aspectos esses não conscientes, ainda que tenhamos muita fé no Divino, ou mesmo que sejamos descrentes Dele.

Estes são aspectos registrados em toda personalidade formada no mundo físico e tridimensional que vivemos, através de registros do abandono, por termos sido desconectados do Pai e da Mãe Divinos, ou seja, de termos sido desconectados de nossa origem primordial e estarmos entregues à sorte na vida na matéria. Sem sabermos de onde viemos e para onde vamos. Como se esse fosse um preço a pagar por estarmos aqui.

A proposta é que possamos trilhar um caminho que leve à reconexão do Sagrado Deus masculino com a Sagrada Deusa feminina dentro de cada um de nós. O que significa o casamento alquímico interno das polaridades masculina e feminina (yin e yang), manifestando-se em equilíbrio.

Buscar a cura de nosso masculino e feminino internos é urgente e muito mais profundo do que parece. E significa mais do que curar nossa relação com pai e mãe biológicos - pois isso ocorrerá nos primeiros níveis de consciência que conseguirmos avançar, no sentido de superar a projeção ao que não podíamos reconhecer em um nível básico de nossa consciência, mas o qual, ao aprofundarmos o trabalho revelará a cisão que temos com nossos pais internos – o divino feminino e o divino masculino, enquanto energias geradoras e mantenedoras de vida.

Ao realizarmos a cura psicológica com as figuras de nossos pai e mãe biológicos, estaremos aptos a reconhecer a verdade sobre nossa desconexão primordial, fruto de nosso rompimento com o Pai e Mãe Divinos, os quais sentimos que nos abandonaram à própria sorte num mundo que nos priva de nossa plenitude, paz e amor original. Essa dor e sentimento de abandono pelo Pai e Mãe Divinos, são o reflexo do verdadeiro desequilíbrio em nossas polaridades internas (yin e yang) que manifestamos hoje.

Logo, a cura maior que todos buscamos, ainda que não saibamos, é a cura de nos sentirmos desconectados da Fonte, - a cura interna verdadeira, aquela que nos leva de volta para casa. Que nos fará sentirmos parte do todo e existindo através dele. Merecedores de estarmos vivenciando o fluxo da vida.

Sob a mesma ótica, porém, através de uma outra linguagem, Jung nos fala do processo necessário da individuação, pelo qual, o homem para se reconhecer necessita se apropriar do Si mesmo, e a partir desse movimento é levado a reconexão com o Self, que o conecta diretamente com a figura de Deus - o todo, a partir de um processo de autoconhecimento.

É fato que, em um trabalho de autoconhecimento bem feito, na ordem certa (a qual apresentamos no capítulo 4), cada uma das energias (masculina e feminina) precisam ser visitadas e curadas e, nesse processo é impossível deixarmos de fora do trabalho as figuras de nosso pai e mãe biológicos, nossa fonte de acesso à vida.

Ocorre que todos nós adultos, trazemos internamente as dores de uma criança que, desde ao nascer, foi sendo frustrada por pai e mãe ou por seus cuidadores, e, também pelo próprio ambiente. Essas frustrações, por menores que possam ter sido, ficaram registradas em nosso inconsciente e, ainda estão marcadas no adulto com a mesma imaturidade psicológica que nossa criança sentiu lá na infância.

Também em algum momento precisamos compreender e sentir que nosso pai reflete para nós nossa energia masculina interna (yang), bem como nossa mãe reflete para nós nossa energia feminina interna (yin). Posto que eles são os nossos referencias (positivos e negativos) de masculino e feminino. Eles são nossos portais de referência quanto a ambas as energias que carregamos.

Logo, para termos uma ideia do nosso masculino interno, percebamos como enxergamos e sentimos nosso pai. E façamos o mesmo com relação a nossa mãe para conhecermos nosso feminino interno. Lembrando que, nesse estado, ambas as energias necessitam de cura.

Sobre as frustrações que carregamos, mesmo que tenhamos tido pais extremamente zelosos é impossível que não tenhamos, desde o nascimento, não acumulado frustrações pelos mais variados motivos. Seja, porque sentimos fome, choramos e os cuidadores demoraram a entender se era fome, solidão, dor de ouvido ou fralda suja. Por pouco que isso pareça agora, quando adultos, essas frustrações nos causaram dores, inseguranças, sentimento de rejeição, inadequação, dentre outros.

Em muitos casos trazemos em nós questões que não conseguimos ver de nossa relação com nossos pais. Muitas vezes, em processo terapêutico e de autoconhecimento, as pessoas julgam ter tido um ótimo relacionamento com o pai, por exemplo, e reconhecem problemas que havia com a mãe. Por essa situação reconhecida, entendem que ao trabalhar o yin (seu feminino) terão conteúdo para olhar, mas ao pensar que tiveram uma relação excelente com o pai, por exemplo, podem achar que não haverá aspectos a serem trabalhados em sua energia masculina (yang).

No entanto, quando entram em um trabalho dedicado e profundo dessa energia, questões que vinham negando ou não conseguiam lembrar, vem à tona para o consciente e, a partir daí, muitas vezes, a pessoa começa a perceber que, inclusive, suas relações com parceiros foram demais afetadas por esse olhar que mantinham a respeito de um dos pais. Porque a relação com esses pais será sempre um espelho de como a pessoa vivencia suas energias internas yin e yang e como se relaciona através delas.

Portanto, ao mesmo tempo que nossos pais são os causadores de profundas frustrações que carregamos em nossa psique, eles também são a porta que nos mostra o caminho que nos leva à cura. Pois, ao analisarmos e percebermos nossa relação com ambos, temos a chance de conhecermos como nossas energias masculinas e femininas atuam em nós, desde antes de ingressarmos no seio dessa família.

Acreditamos que todos temos os pais que precisamos porque eles funcionam como instrumentos, assim como tudo que vivenciamos e experimentamos na vida são palco para nos possibilitar nos reencontrarmos com energias equivalentes ao padrão consciencial que trouxemos de outrora, para termos a oportunidade de superá-los.

Assim, podemos dizer que, ao fazermos o trabalho com a energia yin, teremos que necessariamente trabalhar vários aspectos que promoverão a cura dessa energia interna. Entre esses aspectos estará inevitavelmente a realização de um trabalho dedicado e profundo com nossa mãe (ou nossa cuidadora, na ausência da mãe biológica) – que é nosso modelo arquetípico de feminino.

Portanto, quando estivermos a fazer um trabalho com a energia yang, além de tratarmos de vários aspectos que esse processo requererá, iremos inevitavelmente, em algum momento, nos dedicarmos a um trabalho profundo com nosso pai (ou nosso cuidador, na falta do pai biológico) – que é o modelo arquetípico de masculino moldado em nossa psique.

Todas estas questões são levadas em consideração quando entendemos que a busca do equilíbrio do feminino e masculino em todos nós se faz necessária. Para tanto, utilizamos a teoria do yin yang para categorizarmos os 27 subtipos do Eneagrama com o objetivo de aprofundar os estudos de autoconhecimento através da busca pela melhor e mais completa expressão da alma na matéria.

A seguir abordaremos o Eneagrama e como ele pode auxiliar nessa busca por realização pessoal, sendo considerado um sistema de conhecimento milenar. Para em seguida, apresentarmos a classificação que desenvolvemos dos 27 subtipos do Eneagrama à luz das energias yin e yang. E, posteriormente, no capítulo 4 apresentarmos um modelo de trabalho de autodesenvolvimento que criamos e adotamos com os alunos de nossa escola, onde nos baseamos nas energias yin e yang nos subtipos, bem como na ordem de trabalho necessária dessas polaridades, para facilitar a realização do processo de expansão de consciência.

NOTA DE RODAPÉ

Esse símbolo apareceu no tratado taoísta *Huainanzi,* do Mestre Huai-nan e explica que o uno primordial se divide em yin-yang, cuja interação dá origem à toda realidade sensível. O símbolo ying-yang é mencionado por volta do século 4 a.C. em um apêndice do *I-Ching: O livro das mutações*, onde diz: "A sucessão do yin-yang é chamada tao".

O tao significa caminho, onde as energias yin e yang seriam a manifestação do tao. "O tao é mais abstrato, mais elevado do que essa harmonização do yin yang. É o absoluto que está por trás dessa integração", declara a professora Lucia Lee.

2
BREVE HISTÓRICO DO ENEAGRAMA

Quando falamos sobre Eneagrama estamos nos referindo a algo, ao mesmo tempo palpável, quanto sutil. O Eneagrama como sistema de conhecimento, possui origem desconhecida. Acredita-se que tenha ressurgido na história através dos padres do deserto.

Não há registros confiáveis sobre a origem do Eneagrama, mas acredita-se que esta figura surgiu na Babilônia por volta do ano 2500 a.C., pois muitas das ideias abstratas relacionadas ao Eneagrama, para não falar em sua geometria sagrada e derivação matemática, sugerem que ele teve origem no pensamento grego clássico. As teorias a ele subjacentes podem ser encontradas nas ideias de Pitágoras, Platão e em alguns filósofos neoplatônicos. Se diz que o Eneagrama se fortaleceu como sistema de estudo da consciência, na cidade de Alexandria, através de sábios que se reuniam para estudá-lo.

A partir do Século IV, o Eneagrama começa a ser utilizado para explicar o ser humano, bem como seus estados emocionais, por influência de um monge cristiano, chamado António de Alexandria, que era um dos padres que ficaram depois conhecidos como padres do deserto. Mas foi o padre Evagrius Ponticus (345-399), teólogo grego, quem registrou através da escrita, as primeiras ideias sobre o Eneagrama. Ele destaca-se ao apresentar um símbolo idêntico ao atual símbolo do Eneagrama e "oito pensamentos ruins", que dariam origem aos pecados capitais.

Os Padres do Deserto saíram das Montanhas onde é atualmente o Afeganistão, deixando o Eneagrama como herança aos

Sufis, que são um ramo místico do islamismo, que adotam a "guerra santa contra o ego", no transe feito através dos giros dos dervixes. O Eneagrama foi então preservado pelos Sufis, que podem ser considerados os guardiões desse conhecimento milenar.

Na atualidade, o Eneagrama é um sistema de conhecimento universal, amplamente documentado, mas antigamente era um sistema considerado extremamente místico e repassado apenas oralmente.

George Gurdjieff, um dos precursores contemporâneos do ensino do Eneagrama, fez um amplo estudo da presença do Eneagrama em diversas culturas antigas. E encontrou sua presença, no antigo Egito, Mesopotâmia, Grécia e outras antigas civilizações.

Revelando que a essência do Eneagrama passou pelo pensamento grego de Pitágoras, pelo judaísmo, cristianismo e islamismo. Muitos filósofos e doutrinas utilizaram o Eneagrama como base de pensamento. Mas a construção do Eneagrama como conhecemos na contemporaneidade teve início no século 20, com George Gurdjieff.

Na década de 1950, o filósofo boliviano Oscar Ichazo associou as nove pontas do Eneagrama aos nove atributos divinos que representam a natureza humana, baseado na tradição cristã. E assim surgia a relação entre o Eneagrama e os tipos de personalidades. Em 1971, Ichazo criou, no Chile, o Instituto Arica, a partir do qual ensinou o Eneagrama a alguns estudantes.

Claudio Naranjo, psiquiatra chileno cocriador da Gestalt-Terapia, aprendeu o Eneagrama nos cursos de Ichazo e o levou para os Estados Unidos, já com o nome de Eneagrama de Personalidade, nos anos 1970. Naranjo relacionou os tipos do Eneagrama às características psiquiátricas que conhecia e expandiu as descrições de Ichazo, montando um sistema de tipologias.

O Eneagrama tornou-se popular, enfim, com a publicação do livro *O Eneagrama,* de Helen Palmer, em 1988 no modo como o estudamos hoje. E em 2013 Beatrice Chestnut lança a obra *The Complete Enneagram: 27 paths to greater self-knowledge,* obra que nos baseamos para classificar os subtipos criando a teoria da classificação dos subtipos através das energias yin e yang.

Não iremos nessa obra detalhar o Eneagrama em sua teoria. Por conta desse livro destinar-se a estudiosos já conhecedores do Eneagrama. O objetivo dessa obra como já mencionamos é oferecer um viés de aprofundamento desse conhecimento, ao propor uma classificação acerca do mapeamento das energias yin e yang nos 27 subtipos de personalidade do Eneagrama, bem como um modelo de aplicação para o autodesenvolvimento baseando-se na busca pelo equilíbrio das polaridades yin e yang.

Sentimos de, minimamente, relatar um pouco da história do Eneagrama como forma de honrar quem veio antes, bem como de trazer um tanto da sua energia primordial para essa obra.

Porém, cabe mencionar que podemos considerar o Eneagrama como um modelo profundo e com nível de detalhamento bastante robusto para o mapeamento da psique humana, em busca da elevação do nível de consciência. E é essa propriedade que o faz tão importante para quem busca se autodesenvolver.

O Eneagrama pode levar aqueles que se dispõe a estudar seus mistérios, a revelar-se a si mesmo. Podemos dizer que, senão todos, pelo menos a maioria dos conhecimentos humanos são passíveis de serem descritos e modelados através do Eneagrama por aquele que possui consciência desperta para os segredos que ele armazena, desde sua relação com a geometria sagrada, com a descrição e evolução de processos, com caminhos de desenvolvimento humano, espirais de evolução da consciência, evolução pelo caminho de oitavas ascendentes de evolução, descrição dos tipos de personalidades existentes, mapa para expansão de consciência, modelo de conhecimento e representação de realidades.

Dizemos que tudo nos chega no momento certo, ou seja, quando estamos preparados para lidarmos com as consequências de ter tomado consciência de algum conhecimento. E assim é com o Eneagrama e seus caminhos de ascensão.

Entendemos o Eneagrama como um sistema de conhecimento bastante complexo e, ao mesmo tempo simples, que se oferece à humanidade como um caminho para o autoconhecimento e expansão da consciência, auxiliando a mapearmos e a produzirmos autoconhecimento e revolucionarmos nossa maneira de enxergarmos caminhos de evolução, seja através da personalidade ou de processos em trabalhos de desenvolvimento humano consciencial, em busca da reconexão com nossa alma.

A seguir apresentamos a teoria que desenvolvemos sobre a classificação dos 27 subtipos do Eneagrama com base nas polaridades yin e yang, na expectativa de que a mesma seja útil no aprofundamento dos estudos de personalidade, bem como seja útil no conhecimento do caminho que nossa consciência necessita adotar para expandir-se em direção ao equilíbrio, à volta para casa, como podemos considerar que venha a ser o encontro com a plenitude de quem somos - não em personalidade apenas, mas também em estados de consciência mais evoluídos, oferecendo um caminho para ancorarmos as energias da alma para manifestarmos no mundo da matéria.

3
OS SUBTIPOS DO ENEAGRAMA DE ACORDO COM A TEORIA YIN E YANG

Consideramos que a personalidade humana se apresenta com as energias masculina (yang) e feminina (yin) manifestas de forma distorcidas, ou seja, em desequilíbrio conforme já demonstramos. Isso porque todos estamos cindidos da Fonte e com a psique ferida ao trazermos históricos de experiências desafiadoras e traumáticas vivenciadas ao longo de nossas vidas; as quais nos cristalizaram em uma das polaridades como mecanismo de defesa na tentativa do nosso ego de evitar que soframos.

Desse lugar podemos dizer que, em nível sutil (na alma), também temos essas energias de forma curada, porém, distantes de apresentarem-se desse modo na personalidade, por ausência de capacidade de acesso consciencial que vibraria em ressonância com a alma. Ou seja, estamos profundamente mergulhados no ego. Vivendo a vida a partir dele, bastante separados de nossa alma, porção curada.

Então podemos dizer que, uma pessoa realizada em sua expressão, ou seja, consciente de quem é, com consciência expandida, mais liberta do ego e mais próxima da alma - como queiramos denominar, irá apresentar as polaridades yin e yang equilibradas em todos os níveis em que se manifesta, tanto em nível de personalidade, quanto em seu nível de alma e ambas em ressonância. Porém, sem trabalho interior, o que de forma mais comum se percebe são personalidades apresentando profundos desequilíbrios em suas energias yin e yang e, assim, sem entrar em contato (ressonância) com o equilíbrio dessas energias originárias da alma.

Sendo assim, há algumas formas de olharmos separadamente essas manifestações de desequilíbrio das energias yin e yang na personalidade humana, entendendo que devemos buscar a cura desses desequilíbrios, através da reconexão com as polaridades curadas em nível de alma.

Após estudos sobre a teoria do Eneagrama das personalidades, bem como através de nossos processos pessoais de autoconhecimento, aliando à observação empírica de pessoas e dos processos de nossos alunos dos cursos de Eneagrama, chegamos na compilação de uma teoria que descreve as manifestações das energias yin e yang em cada um dos 27 subtipos do Eneagrama. A qual apresentamos a seguir.

Sentimos que essa teoria pode oferecer um aprofundamento nos estudos das personalidades do Eneagrama porque revela através do estudo das polaridades, como a psique humana utiliza recursos energéticos de defesa do seu ego, da sua personalidade, ao "proteger partes suas que sente serem mais sutis e delicadas", ancoradas ainda nas dores, dramas, crenças limitantes, mecanismos de defesa, criança ferida, carência/desconexão de pai e mãe, desequilíbrios energéticos, níveis mais densos de consciência.

Ao mesmo tempo em que revela um tanto mais acerca da expressão de cada subtipo, tanto internamente (partes que não revela de sua personalidade), quanto externamente (partes que mostra e se expressa na personalidade). De um modo que pensamos ser enriquecedor no nível de detalhamento em que entendemos termos chego.

Então acrescentamos a seguir mais um olhar sobre a teoria dos 27 subtipos do Eneagrama, para que possamos aprofundar um tanto mais do que se sabia até agora sobre as expressões das personalidades, classificando-as através do conhecimento de suas polaridades, as quais, segundo nosso ponto de vista, oferecem contribuição ao aprendizado sobre as personalidades e também oferece um caminho de desenvolvimento e equilíbrio das polaridades yin e yang dentro de nós, através dos subtipos do Eneagrama e dos níveis de consciência humana.

3.1 TEORIA DA CLASSIFICAÇÃO DOS 4 TIPOS DE PERSONALIDADES HUMANAS SOB O PONTO DE VISTA DAS POLARIDADES YIN E YANG

Com base em tudo o que já explicamos a respeito das energias yin e yang, consideramos que toda personalidade possui desequilíbrio nessas duas polaridades. Essas partes deveriam estar em ressonância com as polaridades existentes também no nível de alma, onde se apresentam curadas - embora com uma delas ainda em predominância nesse nível. Essa ressonância com a alma não ocorre, devido à falta de equilíbrio nas polaridades da personalidade, denotada pelo baixo nível de consciência dessa.

É importante compreendermos que a polaridade que predomina no nível de alma é justamente a polaridade contrária da que predomina no nível da personalidade. É esse aspecto que irá provocar a ressonância e permitir o equilíbrio do sistema quando a polaridade da personalidade estiver se apresentando curada, o que se caracteriza pela expressão do símbolo taoísta yin yang.

Figura 2: Símbolo taoísta yin yang

Em nossos estudos sobre as polaridades yin e yang e o Eneagrama, chegamos na construção da teoria que defende que, todos os 27 subtipos de personalidades do Eneagrama possuem uma parte de sua personalidade que é pela qual se expressam (para fora) e, ao mesmo tempo, possuem uma outra parte não mostrada (para se defender, ainda que inconscientemente), como mostramos a seguir na figura 3. Onde apresentamos as duas energias yin e yang, em desequilíbrio, e com uma delas sempre dominante.

**Personalidade yang com baixo nível de consciência
SEM RESSONÂNCIA COM A ALMA**

Figura 3: Atuação da personalidade yang quanto
às energias yin e yang não curadas

**Personalidade yin com baixo nível de consciência
SEM RESSONÂNCIA COM A ALMA**

Figura 4: Atuação da personalidade yin quanto
às energias yin e yang não curadas

Nas figuras 3 e 4 são demonstradas as duas possibilidades de distorções que a personalidade apresenta nas energias yin e yang. Na primeira, a personalidade apresenta yin e yang em desequilíbrio, porém, com a energia yang predominante. Já na segunda expressão, yin e yang também em desequilíbrio, porém, com a energia yin predominante.

Importante notar que nas duas demonstrações da imagem, o lado esquerdo do símbolo está representando a porção personalidade, com uma das energias na dominância e ambas desequilibradas. Já no lado direito de ambos os símbolos é apresentado a porção da alma, onde estão contidas as duas energias em estado curado, embora com uma delas ainda em dominância sobre a outra.

É necessário mencionarmos que utilizamos o conceito de alma do ponto de vista de algumas tradições espirituais (sufismo, por exemplo), considerando a alma nossa parte sutil que nos conecta à raça humana.

Logo, em nível de alma, ainda apresentamos as polaridades yin e yang com uma predominante sobre a outra, pois é justamente esse fator que permitirá que uma personalidade que acorde para o chamado da alma, realize trabalho de autodesenvolvimento buscando o equilíbrio entre sua polaridade dominante na personalidade com a polaridade dominante na alma.

Essa reconexão acaba por ser a expressão máxima de equilíbrio e cura entre uma pessoa desperta e sua alma. Somente uma personalidade que fez um grande nível de autocura deixará de buscar esse equilíbrio num outro ser humano e buscará na própria alma.

Quanto mais curada se apresenta uma personalidade, maior a ressonância entre ela e sua alma, colocando assim, essa pessoa alinhada com o que chamamos de sua missão de alma na vida.

Nessa obra, o que chamaremos de Essência é um estado mais elevado que nos conecta ao Absoluto, à Fonte. Nesse nível, não apresentamos as polaridades como as percebemos nos níveis da personalidade e da alma, uma vez que estamos nos referindo a um lugar consciencial para além da dualidade que impera no mundo material. A Essência está em maior conexão com a Fonte, possui uma vibração energética muito superior à alma. Em Essência percebemos o que o círculo do Eneagrama significa, que somos todos Um.

Através desse olhar podemos dizer que uma personalidade, que desenvolveu muito trabalho interno, poderá apresentar suas energias yin e yang bem mais equilibradas, e simultaneamente, em ressonância com o yin e yang que já são curados na alma. Trazendo para manifestar no mundo da matéria as características maduras dessas polaridades. Dessa forma poderemos representar como as imagens abaixo.

**Personalidade yang com ALTO nível de consciência
EM RESSONÂNCIA COM A ALMA**

Figura 5: Personalidade yang com suas energias equilibradas
e em ressonância com a alma

**Personalidade yin com ALTO nível de consciência
EM RESSONÂNCIA COM A ALMA**

Figura 6: Personalidade yin com suas energias equilibradas
e em ressonância com a alma

Entendemos que toda personalidade possui, portanto, duas energias pelas quais pode se expressar (yin e yang). Porém, ambas estão de forma não curadas quando em baixa consciência. Sendo que uma delas é a que nos apresentamos ao mundo, ou seja, através dessa polaridade que nos relacionamos com as pessoas, com a vida de forma mais explícita.

Porém, precisamos compreender que, embora nos expressemos por um dos polos, "escondemos" uma parte nossa, – também não curada. Portanto, dessa forma podemos dizer que, toda personalidade em baixa consciência se expressa como uma personalidade predominantemente yin ou predominantemente yang.

Entendido isso precisamos também compreender que essa expressão da personalidade, que é a forma de se manifestar no mundo, nem sempre quer dizer que é a energia que predomina na personalidade, embora a pessoa se expresse por e através dela. Até pode ser que isso ocorra, que a mesma polaridade que seja dominante em uma psique seja a mesma com que essa se expressa na vida, como veremos em alguns casos, mas não necessariamente isso ocorre com todos e veremos por quê. Explicaremos melhor.

Percebemos que uma personalidade pode ser predominantemente yin, por exemplo, mas utilizar a energia yang para se expressar, ou vice e versa. Chamamos esse movimento de usar uma energia a serviço da outra. Porque nesse caso, a polaridade dominante seria escondida e estaria usando a outra polaridade, a parte mostrada, como estratégia de expressão na vida.

Estamos dizendo que, em alguns casos, uma personalidade pode ser predominantemente yin e apresentar-se tão fortemente no yang nas suas relações e na forma de expressão na vida que, não somente as outras pessoas, mas ela própria poderá estar convencida de ser yang, por conta de que a polaridade que está a serviço acaba ganhando bastante energia, como forma de expressão. De tal modo que, inclusive a psique da pessoa ganha traços dessa polaridade que está a serviço, mas que não predomina na personalidade.

É importante ressaltarmos que há outras duas possibilidades da personalidade se apresentar, uma delas é ser predominantemente yin e apresentar esse yin como a energia que se expressa ao mundo, e a outra forma é ser predominantemente yang e apresentá-la na sua expressão ao mundo. Nesses dois casos não há distorções de que energia predomina na personalidade com relação como a pessoa se expressa. Embora todos tenhamos as energias yin e yang, nesses dois casos, o polo não utilizado pela personalidade é bastante reprimido e escondido dentro da psique e é preciso fazer trabalho de autoconhecimento e autodesenvolvimento para que venha a se manifestar para equilíbrio e cura do ser.

Sendo assim, encontramos quatro (4) formas da personalidade desequilibrada se expressar numa pessoa sob o ponto de vista das polaridades yin e yang. Vemos a seguir cada uma delas com sua respectiva imagem relacionada ao símbolo yin yang.

1) PERSONALIDADE YANG/YANG

Figura 7: Personalidade predominantemente YANG
que apresenta o YANG para fora na sua expressão

Na figura 7 está representada a personalidade que não apresenta, ou apresenta muito pouco a energia yin em sua expressão de personalidade.

O que denominamos de uma personalidade yang/yang. Ou seja, a polaridade yang predomina na sua personalidade e essa pessoa também se expressa através desse yang no mundo.

2) PERSONALIDADE YIN/YIN

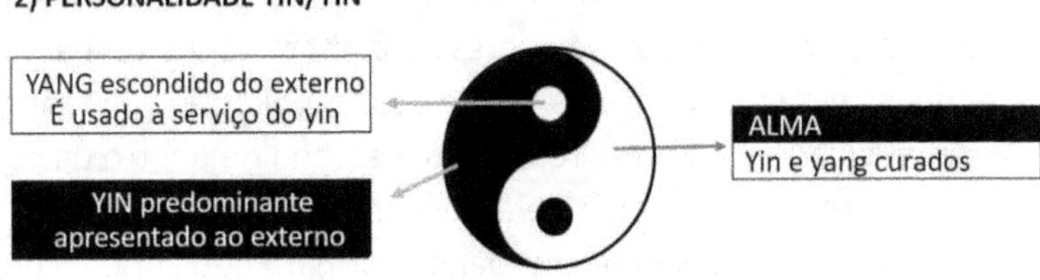

**Figura 8: Personalidade predominantemente YIN
que apresenta o YIN para fora na sua expressão**

No caso da figura 8 temos a representação da expressão de uma personalidade predominantemente yin e que apresenta essa energia na sua forma de expressão no mundo. Apresentando muito pouco ou quase nada da energia yang em sua expressão de personalidade. O que podemos chamar de uma personalidade yin/yin. Ou seja, o yin é predominante e essa pessoa apresenta esse yin ao mundo ao se expressar, pensar e viver a realidade.

3) PERSONALIDADE YIN/YANG

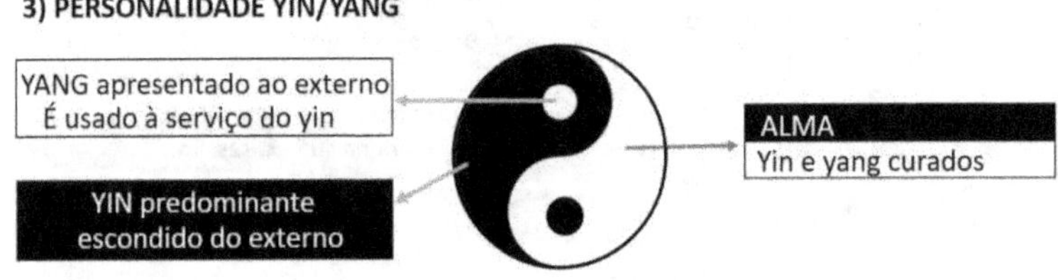

**Figura 9: Personalidade predominantemente YIN
que apresenta o YANG para fora na sua expressão**

A personalidade expressa na figura 9 é uma personalidade predominantemente yin, mas que apresenta a energia yang para fora na sua forma de expressão. Embora seja uma personalidade predominantemente yin, usa a energia yang a serviço dessa personalidade yin. O que podemos chamar de uma personalidade yin/yang. Ou seja, a energia yin é predominante, mas essa pessoa apresenta-se ao mundo, pensa e sente através da polaridade yang, muitas vezes acreditando ela mesma que seja yang enquanto não realizar trabalho profundo de autoconhecimento.

Veremos que alguns subtipos do Eneagrama se manifestam dessa forma, como é o caso do 8 sexual, por exemplo, que se mostra ao mundo como uma personalidade yang (pela força e luxúria do 8), mas que, no fundo é uma psique yin (sensível e emocional) que usa o yang como mecanismo de defesa para proteger essa personalidade yin que tanto esconde. Explicaremos esses casos adiante.

4) PERSONALIDADE YANG/YIN

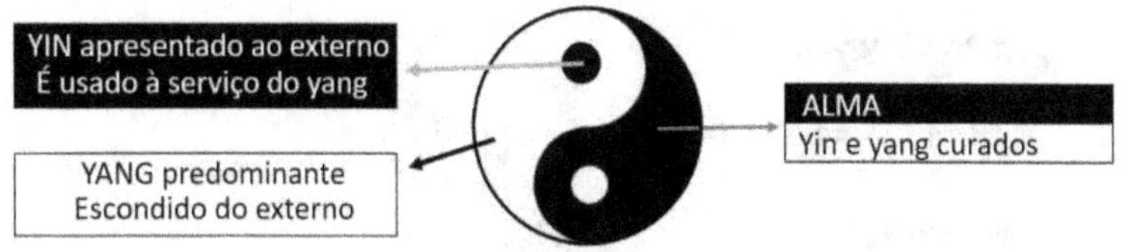

Figura 10: Personalidade predominantemente YANG
que apresenta o YIN para fora na sua expressão

Essa personalidade representada na figura 10 é predominantemente yang, mas apresenta a energia yin na sua forma de expressão. Embora seja uma personalidade predominantemente yang, usa a energia yin a serviço dessa personalidade yang. O que podemos chamar de uma personalidade yang/yin. Ou seja, o yang é predominante, mas ela se apresenta ao mundo através do yin.

É o caso, por exemplo, do tipo 3 sexual, que utiliza de uma delicadeza para se expressar (yin), porém, faz isso como estratégia inconsciente da personalidade a serviço do yang que predomina na personalidade (focada e determinada), mas que não é mostrada. Sendo essa personalidade uma expressão clássica de alguém que mostra seu lado doce para conseguir o que quer (yin manipulador), mas no fundo é bastante impositivo, fazedor e dominador (yang controlador). Mas faz isso de modo velado, através do uso do seu yin para fora, a serviço do seu yang que domina nos bastidores dessa psique.

Desse modo, temos 4 formas de expressão da personalidade através das polaridades yin e yang. O quadro 3, a seguir, mostra o modo que podemos representar essas 4 expressões da psique. Sendo que, quanto mais a personalidade estiver sintonizada com um baixo nível de consciência, ou seja, mais conectada ao seu ego e sem ressonância com a alma, mais polarizada estará.

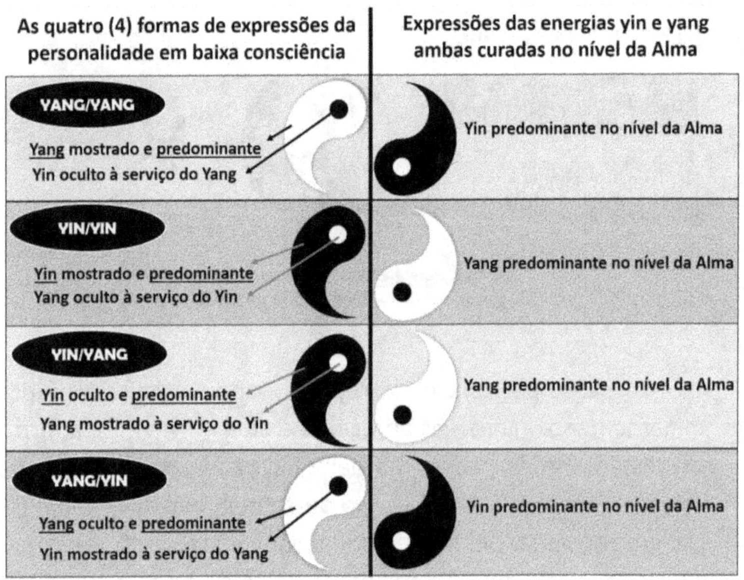

Quadro 3: As 4 formas de expressão da personalidade quanto às energias yin e yang

Na medida que vai realizando trabalho de autodesenvolvimento a personalidade poderá ir ganhando um maior equilíbrio energético e consciencial e o objetivo é que traga à tona e expresse as características maduras e equilibradas da sua alma, onde os polos se manifestam curados. Ancorando da alma, por ressonância, esses atributos para equilibrar com as polaridades na personalidade.

Talvez para quem nunca pensou dessa forma, possa parecer um tanto confuso em um primeiro momento. Porém, se formos sensíveis e analistas iremos perceber que essas 4 formas de expressão das personalidades fazem bastante sentido quando examinamos cada um dos 27 subtipos, como faremos a seguir. Apresentando como cada um deles se expressa através das energias yin e yang.

3.2 CLASSIFICAÇÃO DOS 27 SUBTIPOS DO ENEAGRAMA COM BASE NOS MOVIMENTOS ENERGÉTICOS YIN E YANG

Após explorarmos as quatro formas possíveis de expressão de uma personalidade sob a ótica do yin e yang, apresentamos a seguir a classificação que criamos para os 27 subtipos do Eneagrama baseados na expressão das polaridades yin e yang na psique humana. A figura 11 a seguir demonstra e explicita a forma com que enxergamos a base para o desenvolvimento dessa teoria, mesclando o símbolo do Eneagrama com as polaridades yin e yang do Tao.

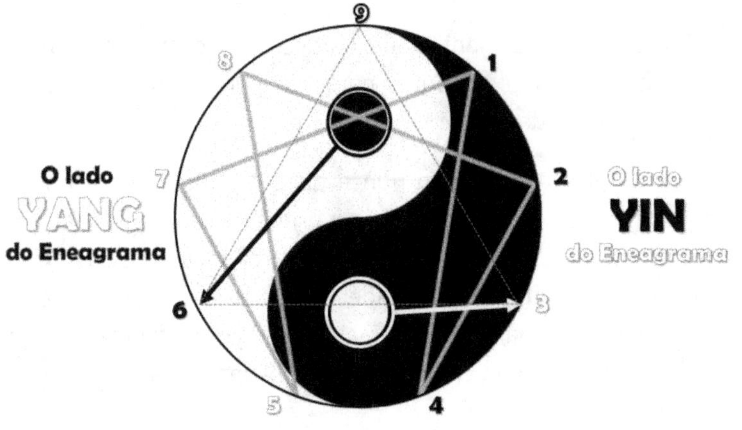

Figura 11: As energias yin e yang no Eneagrama

Podemos perceber na figura 11, como os tipos que compõe a héxade do Eneagrama são distribuídos no diagrama do yin yang. Onde os tipos 1, 2 e 4 estão do lado yin e, portanto, podemos classificá-los como personalidades que tem esse polo energético como o mais presente em sua expressão. Da mesma forma, os tipos 5, 7 e 8 são os clássicos yang em suas formas de expressão e manifestação.

Podemos perceber nos tipos do Eneagrama, assim como no símbolo do yin e yang que, no lado yin do Eneagrama também está contida uma porção yang, que vem a ser expressa pelo tipo 3. Esse tipo embora yang, recebe forte influência do lado yin em que se encontra, o que o faz não se expressar de forma tão forte no yang, como os outros tipos yang que estão distribuídos no lado yang do Eneagrama.

Da mesma forma ocorre com o tipo 6 que é considerado um tipo yin, mas que, por estar contido no lado yang do Eneagrama, também não é o yin clássico, pois está imerso na energia yang desse lado do Eneagrama, absorvendo um tanto dessa energia yang. Mas deixaremos para analisar as expressões de cada tipo logo a seguir, quando abordaremos os subtipos de cada tipo, pois assim entendemos que será mais detalhada e rica essa descrição.

Como podemos perceber ainda na figura 11, os tipos 3 e 6 são os tipos cuja expressão de energia está contida de forma minoritária no lado do Eneagrama que pertencem. E, juntamente com o tipo 9, formam o triângulo interno do Eneagrama, onde esse ponto 9 merece algumas considerações especiais para que possamos compreender porque, embora a personalidade do tipo 9 possa nos parecer, à primeira vista, como personalidade yin, a consideramos híbrida, ou seja yin/yang, apesar de reconhecermos que seus movimentos sejam percebidos como yin.

Para entendermos melhor a dualidade do tipo 9, apresentamos a seguir uma reflexão baseada no trabalho de Bob Dueck (2018) onde ele traça considerações a respeito do pensamento triádico na teoria do Eneagrama (baseado na Terceira Força). Dentro disso, estabelecemos um paralelo da resultante do movimento triádico, representando o movimento do tipo 9, em personalidade, pela busca da paz.

O referido autor menciona que "Paz não é a ausência de conflito, a paz surge do trabalho com o conflito entre duas posições opostas". Embora o tipo 9 em personalidade sinta que precisa evitar o conflito.

Este autor ainda diz que: "Em uma abordagem normal, baseada no ego da oposição, nossa tendência é polarizar. Escolhemos um lado de uma dualidade como entre Sim/Não, Verdadeiro/Falso ou Positivo/Negativo", como podemos ver demonstrado na figura 12.

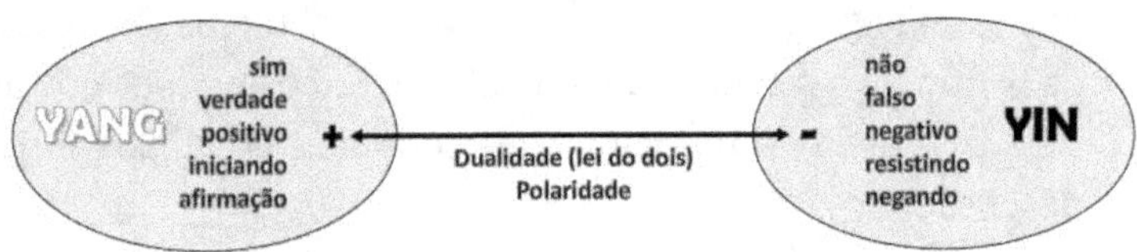

Figura 12: Expressão das polaridades yin yang
Fonte: Traduzido e adaptado de Dueck (2018)

Segundo Dueck (2018):

> No nível do ego, conflitos resultam em polarização. Essa atitude nos leva a ficarmos presos em nossa posição, seja ela qual for. Nada de novo virá de uma posição polarizada. Os únicos resultados possíveis são que um lado domina e dá todo o peso ao seu lado da polaridade, ou que ambos os lados tentam se comprometer, cada um desistindo de um pouco ou muito, mas nenhum dos lados consegue o que realmente deseja. [Nem tampouco superar a si mesmo].

Ainda sobre o ponto 9 do Eneagrama, este também é o ponto que representa o tipo de personalidade 9, e surge como o ponto que busca o equilíbrio não polarizado, ou seja, podendo representar a terceira força entre duas outras opostas, representadas pela base do triângulo interno, constituída pelos pontos 3 e 6 ou, podemos também perceber como expressões dos polos yang (3) e yin (6). Observemos a força reconciliadora da atuação das forças opostas, como resultante no ponto 9, conforme mostrado na figura 13.

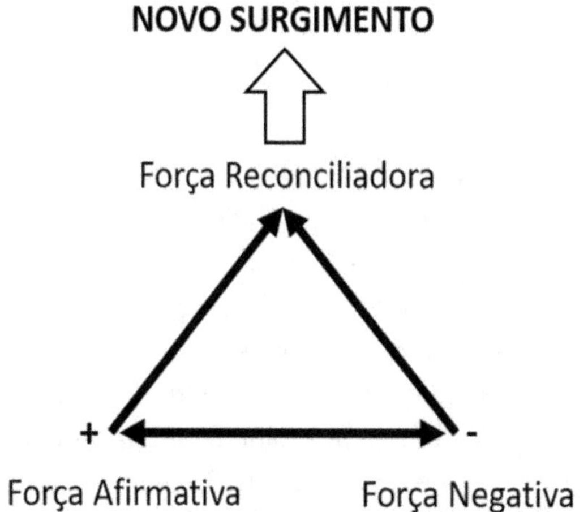

**Figura 13: Representação da terceira força no triângulo interno
Fonte: Traduzido de Dueck (2018)**

Ainda citando Dueck (2018):

> A Lei do Três, presente no Eneagrama permite que cada polo complemente a energia do outro e, ao fazê-lo, possibilita que algo novo surja em um nível superior. Uma maneira de nomear as polaridades é chamar um dos polos de força de afirmação (ou iniciação) e o outro polo de força de negação (ou recepção). Quando abrimos espaço para cada um desses polos, uma terceira força chamada força reconciliadora pode elevar o sistema de forças a um nível superior, criando algo que não poderia existir em um sistema polarizado.

> Devemos tentar separar esses nomes de qualquer preferência emocional, que, por exemplo, a força de afirmação seja "boa" e a força de negação

> seja "ruim". Tais julgamentos tornam impossível abrir espaço para ambas as polaridades. Ambas estão certas e, ao mesmo tempo, em que nenhuma está certa sem o outra. (DUECK, 2018)

E assim, com auxílio de Dueck (2018) explicamos como percebemos a dicotomia e dualidade existente na expressão do tipo 9 do Eneagrama em personalidade, por conta de sua energia híbrida (com as duas polaridades latentes em si), expressão que é bastante diferenciada dentre todos os demais tipos do Eneagrama. Pois, o tipo 9 "tenta ser" a terceira força reconciliadora, entre a polaridade yin, expressa no triângulo interno pelo ponto 6 e, a polaridade yang expressa pelo ponto 3.

Porém, em personalidade, o tipo 9 se move sem sucesso, pois ao tentar reconciliar as duas polaridades, consegue apenas ignorar o conflito fugindo do mesmo - sem conseguir realizar a verdadeira alquimia, que seria a reconciliação das duas polaridades yin e yang. Faz isso, pensando que, ao fugir do conflito (sem resolvê-lo) está criando a paz, quando na verdade está apenas negando o conflito sem nenhum processo de reconciliação entre as polaridades opostas, fazendo com que, em sua personalidade, predomine as características yin e se expresse através desse mesmo yin.

Como o tipo 9 tem ambas as polaridades latentes (mesmo expressando-se pelo yin), ao realizar trabalho de autodesenvolvimento, logo no início desse, irá manifestar rapidamente a presença dessa energia yang, diferente dos demais tipos yin.

Em resumo, quando mostramos o Eneagrama com seus respectivos tipos yin e yang é importante compreendermos que os tipos 1, 2, 4 e 6 são tipos que expressam a energia yin como característica geral de apresentação da energia do tipo, assim como também os tipos 3, 5, 7 e 8 da mesma forma, apresentam como característica geral um movimento energético que os caracteriza como tipos yang.

Porém, é importante percebermos que dentro dos subtipos ocorrerá grandes variações dessa apresentação energética porque alguns tipos demonstram-se bastante diferentes entre si, quando são observados em suas variações de subtipo.

Assim, dentro dessas variações internas dos tipos, teremos subtipos que facilmente terão uma inclinação energética em sua personalidade para uma das polaridades (yin ou yang), contrariando a apresentação energética anunciada para seu tipo no geral. Isso ocorre, principalmente, para aquelas personalidades que tem uma energia predominante, mas mostram a outra a serviço dessa predominante.

A seguir o quadro 4 compila as 27 classificações dos subtipos com relação às polaridades yin e yang. E após explicamos cada uma delas.

SUBTIPOS	TIPO DE PERSONALIDADE YIN E YANG Predominante / Expressa	
8 Autopreservação	Yang	Yang
8 Social	Yang	Yin
8 Sexual	Yin	Yang
9 Autopreservação	Yin	Yin
9 Social	Yin	Yin
9 Sexual	Yin	Yin
1 Autopreservação	Yin	Yin
1 Social	Yin	Yang
1 Sexual	Yin	Yang
2 Autopreservação	Yin	Yin
2 Social	Yin	Yang
2 Sexual	Yang	Yin
3 Autopreservação	Yang	Yin
3 Social	Yang	Yang
3 Sexual	Yang	Yin
4 Autopreservação	Yang	Yin
4 Social	Yin	Yin
4 Sexual	Yin	Yang
5 Autopreservação	Yin	Yang
5 Social	Yang	Yang
5 Sexual	Yin	Yang
6 Autopreservação	Yin	Yin
6 Social	Yin	Yang
6 Sexual	Yin	Yang
7 Autopreservação	Yang	Yang
7 Social	Yang	Yin
7 Sexual	Yang	Yin

Quadro 4: Classificação dos subtipos
com relação às polaridades yin yang

Veremos a seguir uma análise e explicação detalhada dos movimentos e manifestações energéticas (yin e yang) de cada um dos 27 subtipos que o Eneagrama nos apresenta.

O tipo 8 é caracterizado como um tipo yang no Enea-grama. Sendo uma personalidade que se expressa para fora, de modo ativo, energético, confrontador, impositivo, determinado e controlador. O tipo 8 é um fazedor nato. Talvez, seja o tipo mais fácil de identi-ficarmos como yang, dentre os 9 tipos do Eneagra-ma, a personalidade tipo 8 expressa praticamente todas as características da energia yang clássica, de forma bastante explícita.

Veremos a seguir os 3 subtipos do tipo 8.

Tipo 8 Autopreservação

> *Focado em obter os elementos para a so-brevivência. É o menos expressivo e mais armado (de-fensivo) dos três 8. Sabe sobreviver em situações difí-ceis e se sente onipotente para obter o que precisa.*
> *(CHESTNUT, 2019)*

Esse tipo se expressa de modo bastante autocentrado, com bastante vigor, força e determinação em fazer e realizar. Tem dificuldade em expressar suas emoções e assumir sua vulne-rabilidade. Quem vê um tipo 8 autopreservação, não sente uma pessoa yin, muito pelo contrário, percebe facilmente ser um tipo bastante polarizado no yang. Como também, todo o sistema psi-cológico desse subtipo é montado numa psique yang, sua perso-nalidade atua numa base de pensar, ir e fazer, ou seja, uma forma bastante clara de uma personalidade yang, que não mede esfor-ços para obter o que quer.

Portanto, dizemos que o 8 autopreservação, é um subtipo que tem a **personalidade predominantemente yang e que também mostra o yang para fora**, agindo através dele, mantendo seu yin bastante afastado da sua forma de expressão e de si próprio – como forma de se proteger e evitar a vulnerabilidade, já que tem a crença de que o mundo é dos fortes. Desse modo, classificamos o **8 autopreservação em uma personalidade que é yang/yang.**

Tipo 8 Social

Expressa luxúria ao servir aos outros.
Menos agressivo e mais leal que os demais 8.
Oferece ajuda quando precisam de proteção.
(CHESTNUT, 2019)

Esse subtipo, embora seja geralmente um pouco mais suave que os outros 8, também mantem as mesmas características de rigidez, atividade para fora, inflexibilidade em sua personalidade, como os demais subtipos 8. Porém, por ser guiado por seu instinto social, esse tipo 8 tenta ser agradável, suave e até gentil nos grupos que ele chega para se inserir, mostrando para isso sua energia yin, principalmente, com quem está começando a se relacionar.

No entanto, rapidamente seus interlocutores percebem que esse yin mostrado não tem nada de suave, nem de manso. Pois por ser um tipo 8, esse subtipo que tem uma personalidade yang e mostra o yin, tem pouco sucesso em ser percebido como esse yin que ele até tenta expressar em suas relações sociais para conquistar seguidores. Uma vez que é tão controlador, como impositivo quanto os outros subtipos do 8. Ocorre de muitas vezes, a pessoa tipo 8 social não reconhecer que utiliza esse yin para expressar-se ao mundo, tamanha a força de seu yang.

Dizemos, portanto, que o subtipo 8 social tem uma **personalidade predominantemente yang, mas mostra o yin a serviço desse yang** de sua personalidade. Ou seja, uma **personalidade yang/yin.**

Tipo 8 Sexual

Expressa luxúria por meio da rebeldia e da necessidade de concentrar a atenção em si. De todos os 8 é o mais emocional. Em suas relações carrega facilmente expressões de posse e ciúmes sobre o parceiro.
(CHESTNUT, 2019)

Esse é um típico subtipo que tem uma personalidade de uma energia e mostra outra para o externo. O subtipo 8 sexual, é uma personalidade predominantemente yin, porém, mostra a energia yang externamente. Faz isso com muito sucesso, pois a força, agressividade e o ímpeto com que a luxúria do tipo 8 oferece a esse subtipo faz não somente que todos a sua volta fiquem convencidos do yang que esse subtipo mostra, mas também, a própria pessoa se percebe ou se sente assim.

Geralmente, um subtipo 8 sexual, fica bastante surpreso ao descobrir que é uma personalidade predominantemente yin, pois ele próprio se vê muito identificado com o yang que mostra no externo. Porém, é uma pessoa bastante emocional, geralmente mais sensível que os outros 8, e em trabalho interior mais avançado irá começar a expressar-se na energia que lhe predomina a personalidade, a energia yin. Sendo assim, o subtipo 8 sexual **possui uma personalidade predominantemente yin que se expressa pela energia yang ao mundo.** Ou seja, **uma personalidade yin/yang.**

A seguir demonstramos a síntese da expressão das energias yin yang no Tipo 8.

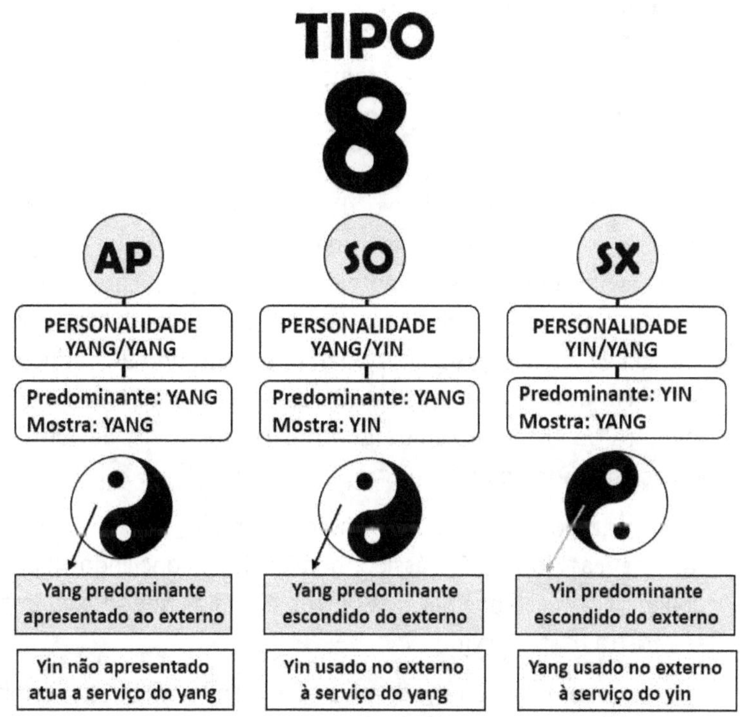

Figura 14: Síntese das energias yin yang nos subtipos 8

O tipo 9, do ponto de vista da expressão das energias yin e yang, é um tipo bastante enigmático, devido sua dualidade "andrógina" natural do tipo 9, por estar no centro do triângulo interno do Eneagrama, não estando nem no lado yin, nem no lado yang dos tipos do Eneagrama, conforme explicamos anteriormente.

Então dizemos que o tipo 9 é percebido e sentido pelo seu entorno como alguém que se expressa através da energia yin. No entanto, por ser esse tipo híbrido, como explicamos anteriormente, possui a energia yang latente, ao que podemos ver essa energia vindo se expressar rapidamente num tipo 9 quando ainda em início de trabalho interior. O acesso à energia que não é dominante ocorre mais rápido que nos outros tipos, devido a essa particularidade do tipo 9.

Embora os três subtipos mantenham fortemente as características do tipo 9 clássico, quais sejam, conciliador, pacífico, deixando as escolhas para os outros e, assim, sendo alguém que se mostra bastante yin.

Quanto à sua predominância de personalidade, também será sentida na mesma energia yin, visto que não é assertivo, tampouco determinado, não é confrontador e não briga pela sua "verdade". Dizemos, portanto que, para efeito do trabalho de autodesenvolvimento que propomos, todos os subtipos do tipo 9 são personalidades predominantemente yin e mostram esse yin para expressar-se no mundo. Como veremos a seguir.

Tipo 9 Autopreservação

Se concentra nas coisas do dia a dia e não em abstrações. Foca atenção em confortos físicos: comer, dormir, ler, palavras cruzadas (se realiza no seio do lar). (CHESTNUT, 2019)

Temos aqui alguém bastante caseiro, calmo, pacífico e conciliador. Alguém dominado pela paixão da Preguiça na sua forma mais tradicional. Seu lar é o seu território preferido. **Uma personalidade yin que mostra o yin**; mantendo o yang "escondido", não percebido e não demonstrado ao exterior, na busca pela fuga de conflitos. Portanto, uma **personalidade yin/yin**.

Tipo 9 social

Alto nível de atividades. Focado nos grupos. Personalidade amorosa, sociável e simpática. Pode ser um workaholic e alguém que prioriza necessidades do grupo acima as suas. (CHESTNUT, 2019)

Dos 3 subtipos do tipo 9, o subtipo social é o único que poderá não se sentir expressando o yin, pois tenderá a se achar yang porque é bastante voltado ao fazer, principalmente no trabalho.

No entanto, esse fazer é uma variação de fuga da "ação certa" que é a paixão do tipo 9. Embora o tipo 9 social será bastante ativo em trabalhar, ele mantém todos as outras características de expressão da energia yin, como por exemplo, a dificuldade em ser assertivo, em enfrentar conflitos, e em dizer não quando precisa, assim como os outros dois subtipos. **Sendo, portanto, uma personalidade predominantemente yin e que mostra ao**

exterior esse mesmo yin, procurando esconder, negar a energia yang, a qual para ele, inconscientemente, é uma energia violenta e conflituosa, da qual ele foge. Classificamos esse subtipo como uma **personalidade yin/yin**.

Tipo 9 Sexual

> *Expressa a preguiça ao se fundir com pesso-*
> *as importantes em sua vida. Tende a ser amável, gen-*
> *til, tem personalidade tímida e não muito assertiva.*
> *(CHESTNUT, 2019).*

Aqui temos uma personalidade predominante yin que também mostra essa energia ao mundo exterior. Em sua manifestação predomina a fusão com quem ama, para quem se entrega de corpo e alma. Sendo sempre a parte submissa da relação. Sente prazer em atender seu parceiro(a) em pequenos mimos, é bastante atencioso(a), um amor maternal. **Logo, prevalece aqui a predominância e manifestação da energia yin**, em detrimento da yang, a qual tem dificuldade em conectar. Mais um subtipo do 9 que revela uma **personalidade yin/yin**.

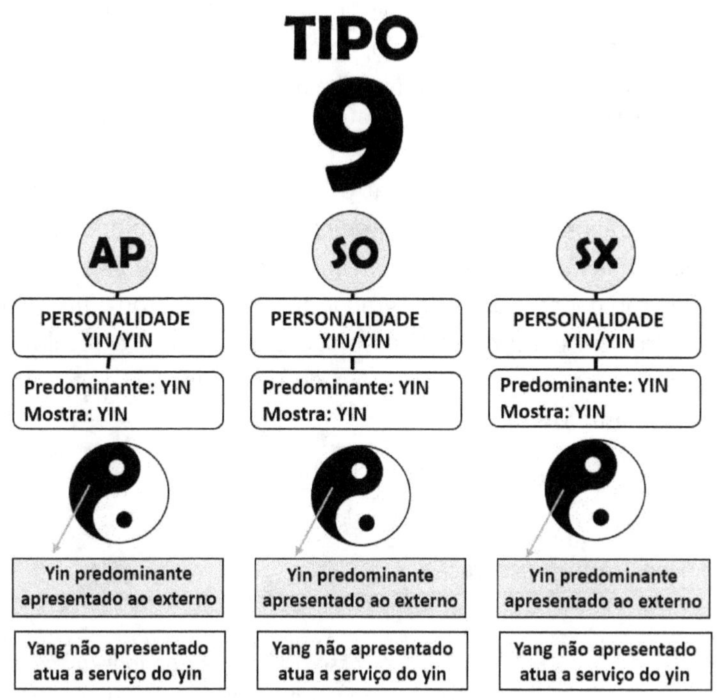

Figura 15: Síntese das energias yin yang nos subtipos 9

Consideramos o tipo 1 do Eneagrama como um tipo yin. Embora percebamos que dentro dos três subtipos, haverá dois que se expressam através da energia yang ao mundo, completamente diferente do terceiro, que tem dificuldade de acessar a energia yang.

Podemos considerar o tipo 1 como sendo yin por conta de características dominantes como por exemplo: seguir regras sem questioná-las, sendo um cumpridor de tarefas e ordens que lhe são dadas, no afã de agradar quem as solicitou e fazer o que é certo. Em geral dramatiza emoções para obter o resultado que quer, busca ser útil na tentativa de ser amado e manifesta dificuldade em fazer escolhas.

Veremos a seguir os 3 subtipos do tipo 1.

Tipo 1 Autopreservação

> *Esse é o mais perfeccionista dos três Um.*
> *Expressa ira por meio do trabalho duro rumo ao autoaperfeiçoamento e das coisas. A emoção mais reprimida é a ira, onde é escondida na cordialidade.*
> *Resulta num caráter mais bondoso.*
> *(CHESTNUT, 2019)*

Assim sendo, esse subtipo **expressa-se através da energia yin, tanto ao externo como na sua personalidade predominante,** pois acredita que precisa reprimir qualquer manifestação mais dura, descortês ou que não seja por ele considerado correta. Tem, portanto, em sua psique a energia do bom moço, com sorriso nos lábios, de bem comportado(a). **Uma personalidade bastante polarizada no yin, que classificamos como yin/yin.**

Tipo 1 Social

> *Inconscientemente se considera perfeito, expressa a ira, focando um modelo perfeito da "forma certa de ser". Mentalidade de professor. Necessidade inconsciente de superioridade. (CHESTNUT, 2019)*

Esse subtipo apresenta-se de forma forte e impositiva com quem se relaciona, com uma postura superior de quem sabe e está ensinando. Mostrando, uma expressão yang ao exterior, tentando reformar os outros, ensinando-os a sua verdade.

Em sua personalidade predominante, o subtipo 1 social é inseguro e sensível, sendo facilmente quebrada sua "casca" mais bruta do yang que mostra ao exterior e, portanto, logo surge a fragilidade e caráter mais sensível dessa personalidade. Consideramos, portanto, o subtipo 1 social como uma **personalidade onde predomina o yin, porém usa o yang na sua manifestação exterior** - mecanismo de defesa para se proteger e se parecer mais forte do que realmente sente que é. Uma personalidade que classificamos como **yin/yang**.

Subtipo 1 Sexual

> *Aperfeiçoar os outros. É reformador. Possui a ira mais explícita. Age movido por ela no intenso desejo de melhorar os outros e conseguir o que quer. Impulsividade e beleza, contraria a tendência do 1 de reprimir a ira e os impulsos. (CHESTNUT, 2019)*

Essa maior facilidade de acessar a raiva, mostra como o subtipo 1 sexual é mais emotivo que os outros dois, e, embora sua mania de corrigir os outros e impor sua verdade seja bastante agressiva e intimidadora, facilmente vai ao choro, mostra-se magoado, demonstrando uma grande emotividade e fragilidade, denunciando a energia yin dominante de sua personalidade.

Portanto, por mais impositivo e yang que se mostre, ao ir com força impondo-se ao mundo exterior, o subtipo 1 sexual tem a **personalidade predominantemente yin, mas usa o yang para expressar-se ao exterior** de forma bastante clara e perceptível. **Uma personalidade yin/yang.**

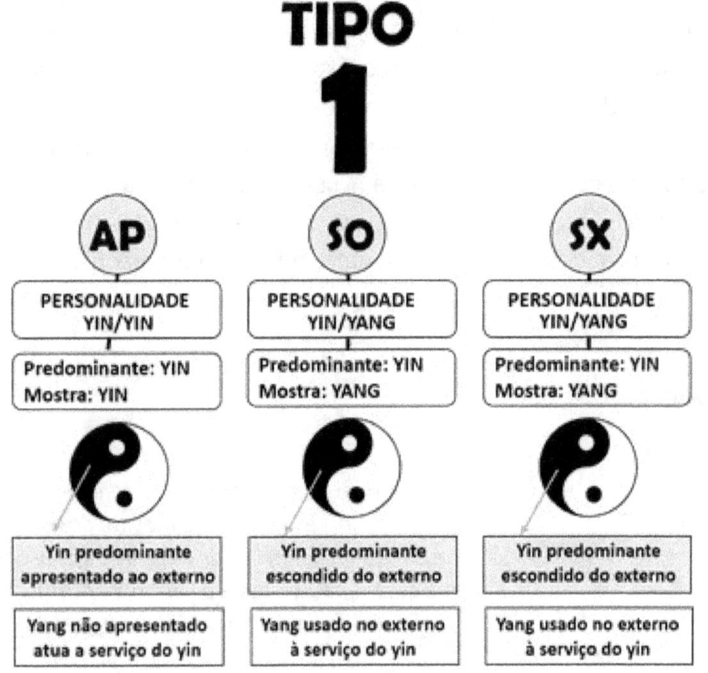

Figura 16: Síntese das energias yin e yang nos Subtipos 1

Começaremos a analisar os tipos emocionais do Eneagrama com o tipo 2. Para quem predomina a energia yin, dado o padrão emocional, maternal e nutridor com que se move pela vida. Colocando os outros como prioridade em detrimento de si próprio, como forma de buscar amor através de seu senso de utilidade. Tendo a crença de que só será amado se for útil.

Subtipo 2 Autopreservação

> *Usa a "Sedução" semelhante a uma criança na presença de adultos. Tenta induzir os outros a tomar conta dele. Postura pueril, não é fácil perceber o orgulho nesse 2, em virtude de ser mais medroso e ambivalente em sua conexão com os outros. Desejo de ser amado e priorizado apenas por ser quem é, não pelo que dá. Brincalhão, irresponsável e charmoso.*
> *(CHESTNUT, 2019)*

Esse é um subtipo facilmente identificado pela energia yin que mostra no exterior, pois apresenta-se amável, disponível e prestativo. Sua estrutura psicológica, também é dominada pela energia yin, pois busca no outro as autoafirmações que não reconhece em si mesmo, havendo a necessidade de ter alguém a quem "servir", para sentir-se útil, visto e amado.

Possui uma grande conexão emocional com as pessoas e facilmente consegue dizer o que elas precisam ouvir. É cuidadoso e empático por ter essa conexão com o sentir bastante forte. Portanto, esse é um subtipo que tem a energia **yin predominante** em sua estrutura psicológica e, também **mostra essa energia yin ao externo**. Uma **personalidade yin/yin**.

Subtipo 2 Social

> *Um poderoso líder cujo orgulho se manifesta na satisfação em conquistar as pessoas. Nesse 2, o orgulho se efetiva mais. Imagem de influente, supercompetente e digno de admiração. Desejo de estar no topo para receber benefícios e vantagens.*
> *(CHESTNUT, 2019)*

Esse subtipo apresenta-se bastante potente nos ambientes de trabalho e mostra-se muito ambicioso por poder nas suas relações. Por essa expressão ser marcante na sua forma de manifestar-se, consideramos que esse subtipo mostra o yang, porém, mantém uma personalidade predominantemente yin, uma vez que, embora tente não mostrar sua sensibilidade e insegurança, travestindo-se na aparência poderosa da energia yang sendo mostrada ao exterior, essa personalidade ainda assim é empática, nutridora e prestativa com um grande nível de submissão quanto aos que sente ser mais fortes que ela.

Então consideramos o subtipo 2 social uma personalidade **predominantemente yin que se mostra ao mundo através da energia yang.** Portanto, essa energia yang atua a serviço da sua personalidade predominantemente yin, **sendo classificada como yin/yang.**

Subtipo 2 Sexual

> *Seduz indivíduos específicos como meio de suprir suas necessidades e alimentar seu orgulho. Recorre para métodos de sedução clássica para atrair o parceiro, alguém que vai suprir suas necessidades e lhe dar o que ele quiser. Personalidade atraente, mas que também deseja exercer algum poder.*
>
> (CHESTNUT, 2019)

No subtipo 2 sexual percebe-se a atuação da energia yang de sua personalidade em busca de sua "presa", com utilização da energia yin, de forma manipuladora pelo uso da energia sexual, como um modo clássico de sedução e, dessa forma, ter o outro sob controle.

Em sua estrutura psicológica, percebe-se claramente a predominância da energia yang buscando controlar, para isso usa da manipulação da energia yin, através da sedução sexual clássica para obter o controle a serviço de uma personalidade claramente calculista, com força, determinação e focada nos seus objetivos (características yang). Portanto, uma **personalidade predominantemente yang que mostra o yin ao externo** a serviço dessa personalidade yang. A classificamos, portanto, como **yang/yin**.

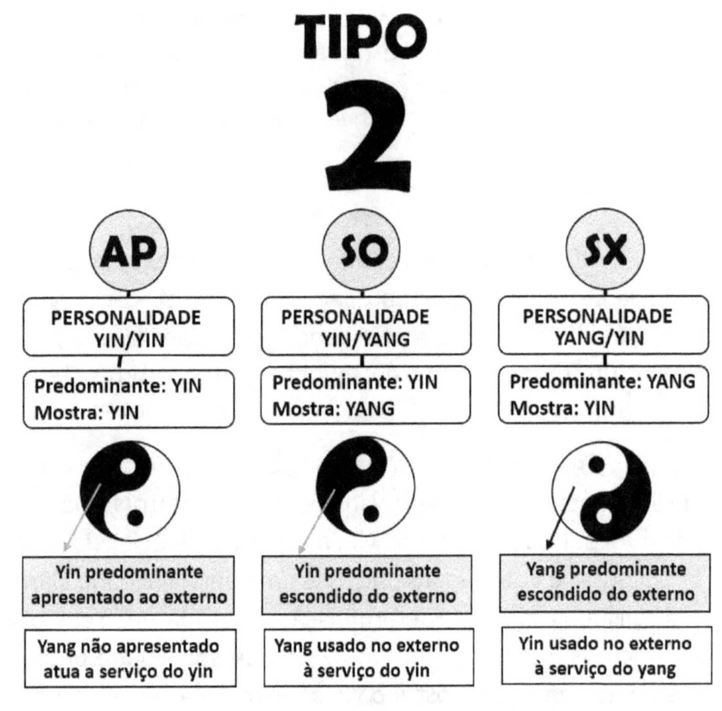

Figura 17: Síntese das energias yin e yang nos Subtipos 2

TIPO 3

TIPO YANG

Esse é um tipo facilmente percebido como alguém competitivo, fazedor, buscador de sucesso, uma típica personalidade yang. Porém, o tipo 3 está no lado yin do Eneagrama, recebendo forte influência dessa polaridade. Tornando-o um tipo yang mais suave do que os demais tipos yang que estão do lado yang na mandala do Eneagrama

Subtipo 3 Autopreservação

> *Vaidade de não ter vaidade. Eficaz e produtivo. Assume o modelo perfeito. Quer ser admirado, mas evita buscar o reconhecimento abertamente. Busca segurança na capacidade de ser bom.*
> *(CHESTNUT, 2019)*

Uma personalidade dominada pela busca do sucesso, proativa, focada, objetiva, realizadora, criativa, cumpridora, determinada e entregue ao seu processo de ser muito bom no que faz. Portanto, uma personalidade yang. Porém, se expressa de modo ponderado, suave, voz baixa, movimentos harmoniosos e delicados e usa o yin ao procurar manipular para conseguir o que quer.

Assim, o subtipo 3 autopreservação, **mostra a energia yin ao mundo, embora tenha uma personalidade predominantemente yang**, a qual procura manter "escondida" e não apresentada. Portanto, **uma personalidade yang/yin.**

Subtipo 3 Social

> *Foca a conquista para preservar uma boa imagem e finalizar o trabalho. Desempenha a vaidade recorrendo ao desejo de ser visto e ter influência sobre as pessoas. Adora o palco e ser o centro das atenções. Sabe ascender na escala social e chegar ao sucesso. É o mais competitivo e agressivo dos tipos 3. (CHESTNUT, 2019)*

Outro subtipo do 3, em que é bastante clara sua personalidade forte, competitiva e focada no sucesso. Desse modo, a energia yang predomina nessa personalidade e essa é a energia que ele mostra ao mundo na sua expressão externa. Porque busca trabalhar sempre no convencimento acerca das suas qualidades às pessoas, ao visar representar uma personalidade de sucesso que está sempre no domínio da situação, disputando sua posição e sua verdade, sendo bastante focado em seus objetivos e realizações. Fazendo com que o subtipo 3 social tenha uma **personalidade predominantemente yang que mostra essa mesma energia yang ao externo**. Portanto, uma **personalidade que classificamos como yang/yang**.

Subtipo 3 Sexual

> *Foca a realização em termos de atração pessoal e suporte aos outros. Não nega a vaidade (como o AP), nem a abraça como o SO, fica no meio termo. (CHESTNUT, 2019)*

Da mesma forma que os outros dois subtipos do tipo 3, o subtipo sexual também tem uma personalidade que é movida pela energia yang predominantemente, pois essa personalidade é motivada a buscar o sucesso, bem como as realizações que sua personalidade julga importante, de forma aguerrida e focada, com bastante energia e competitividade, características da energia yang.

O subtipo sexual usa da sua habilidade em lidar com a energia sexual à favor de conseguir o que precisa. Porém, mais do que usar a energia sexual como atração fortemente sedutora como o 2 sexual, irá usá-la de forma mais sutil, com uma aparência bastante feminina/masculina no padrão que entende necessário para cativar a quem precisa se apresentar para obter o reconhecimento que busca, procurando manipular através dessa aparente feminilidade/masculinidade. Nesse padrão de agir, o subtipo 3 sexual é uma **personalidade yang que utiliza a energia yin para se apresentar ao mundo**. Portanto, **uma personalidade yang/yin.**

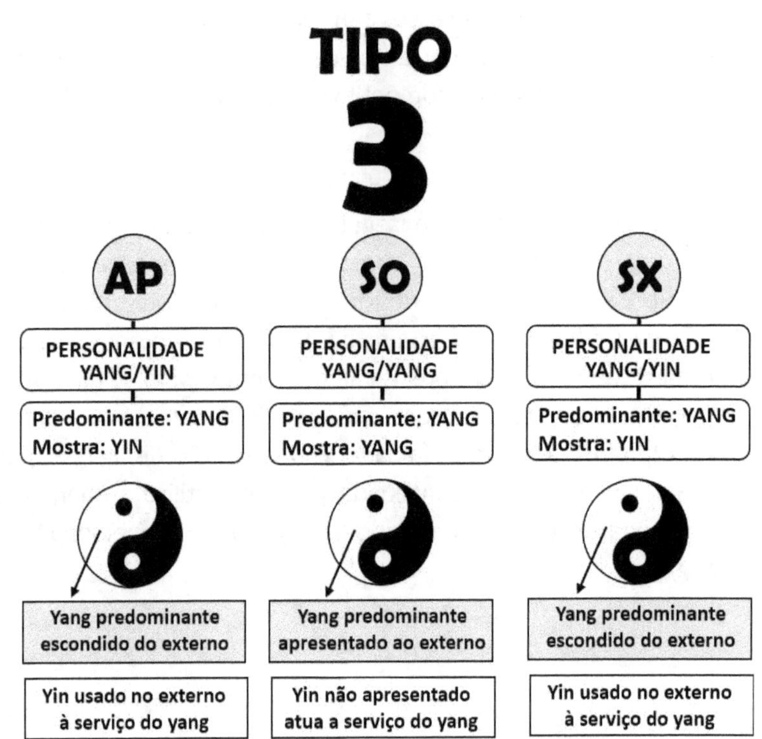

Figura 18: Síntese do Tipo 3

TIPO 4 TIPO YIN O tipo 4 possui uma personalidade profunda, intensa, geralmente muito sensível, sentimental e que "se sente em casa" no contato com suas emoções. Características bastante específicas de uma personalidade yin. Veremos os subtipos desse tipo que encerra a apresentação do lado yin da mandala do Eneagrama.

Subtipo 4 Autopreservação

Suporta mais o sofrimento. É estoico ao suportar sua dor interna e não a compartilha com os outros tanto quanto os outros 4. Aprende a tolerar dor e a não demonstrá-la como forma de ganhar amor. Usa a inveja para trabalhar duro com a finalidade de alcançar o que os outros tem e ele não. Mais masoquista do que melancólico. Exige bastante de si. (CHESTNUT, 2019)

O subtipo 4 autopreservação, possui uma personalidade yang, que o faz mais focado, autocentrado e mental que os outros dois subtipos do 4. Tem um maior limiar de resistência para a dor, numa forma de suportá-la mais internamente, sem a necessidade de expressar o mesmo nível de drama dos outros subtipos do 4.

Uma personalidade que procura ser forte e que valoriza as próprias realizações em busca de conseguir o que a paixão da inveja o move a buscar, e é bastante autocentrado. Portanto, uma **personalidade predominantemente yang**, porém, por ser emocional, sabe utilizar a sensibilidade e a emoção nas relações, e, assim, **mostra ao mundo uma energia yin**, mas essa energia, está a serviço de sua personalidade yang. Classificamos essa **personalidade como yang/yin.**

Subtipo 4 Social

> *Sofre mais, envergonha-se mais e é mais sensível do que os outros 4. A inveja se manifesta no lamento exagerado, levando-o a adotar o papel de vítima e a focar de certa forma, a própria inferioridade. Senso de conforto na melancolia. (CHESTNUT, 2019)*

Esse subtipo é a típica personalidade yin que mostra o yin e que é capaz de pensar que não possui a energia yang, de tanto que a tem reprimida em sua personalidade.

O 4 social tem sua **personalidade predominante dominada pela energia yin** e manifesta seu sofrimento abertamente, sente vergonha de si, lamenta-se e vitimiza-se para os outros explicitamente, ficando bastante clara a manifestação também da **energia yin como a energia que o 4 social apresenta ao mundo.** Sendo, portanto, o que chamamos de uma **personalidade yin/yin.**

Subtipo 4 Sexual

> *Provoca o sofrimento dos outros como forma inconsciente de tentar se livrar dos próprios sentimentos dolorosos de deficiência. Ao negar seu sofrimento e ter menos vergonha, expressa mais suas necessidades e pode exigir mais dos outros. Manifesta a inveja como competição. (CHESTNUT, 2019)*

Possui uma personalidade predominantemente yin e, ao sentir o sofrimento emocional que o acompanha, tenta desfazer-se desse sentimento culpando alguém para tirar essa dor de si. É uma personalidade sensível que esconde sua dor interna.

Externamente, mostra a energia yang ao exigir e agredir os outros como causadores de seu sofrimento, expressa a inveja através da competição e faz isso demonstrando bastante raiva. Sua forma de expressão e de "ir para cima" é motivada por essa energia yang expressada. O subtipo 4 sexual é, portanto, uma **personalidade predominantemente yin que mostra o yang ao mundo**. Classificamo-la como uma **personalidade yin/yang**.

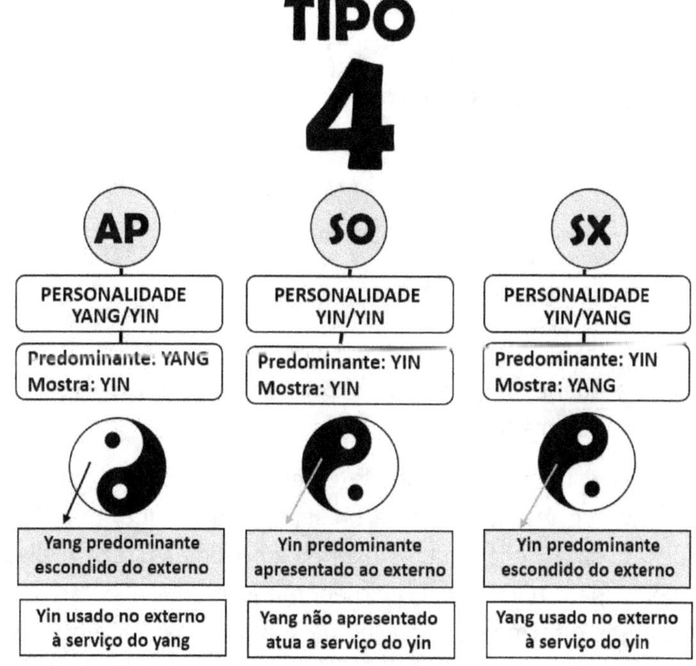

Figura 19: Síntese das energias yin e yang nos subtipos 4

TIPO 5

TIPO YANG

Entramos na análise dos tipos mentais e o lado yang da mandala do Eneagrama, começando pelo tipo 5. Esse é um tipo de personalidade que, ao contrário do tipo 4, geralmente, foge do contato com as emoções.

Bastante lógico, racional, teórico, independente e explicitamente mental. Características clássicas da manifestação da energia yang.

Veremos agora as variações percebidas em seus 3 subtipos.

Subtipo 5 Autopreservação

> *Limita suas necessidades e seus desejos*
> *como forma de evitar depender dos outros.*
> *(CHESTNUT, 2019)*

Esse subtipo tem a necessidade de estar encastelado em um santuário onde se sente protegido na introspecção, tendo controle sobre seu limite.

É uma personalidade carente (embora não demonstre), sensível, e que gostaria da presença e do toque, mas que foge dessas suas necessidades expressando uma rudeza e distanciamento para não ser roubado energeticamente e evitar criar apegos, como forma de proteção de sua personalidade que vibra na escassez. Portanto, uma personalidade **predominantemente yin que mostra o yang ao mundo**, como forma de se defender de possíveis "invasores de seu espaço". Sendo, portanto, **uma personalidade yin/yang**.

Subtipo 5 Social

> *Expressa avareza na necessidade por "ideais*
> *surpreendentes" relacionados a outros com interesses*
> *em comum mediante o conhecimento e os valores*
> *compartilhados (em vez de uma conexão emocional).*
> *A avareza se conecta ao conhecimento.*
> *Fome por informação.*
> *Paixão por ideias elevadas.*
> *(CHESTNUT, 2019)*

O subtipo 5 Social é uma personalidade bastante mental e desconectada das emoções, busca refúgio ao buscar absorver conhecimentos através da sua habilidade mental, sendo uma personalidade focada, introspectiva - mesmo sendo social. Atua no externo de forma yang por defender suas verdades e disputá-las com muitos argumentos e com força, buscando deixar seu legado ao mundo. Expressa-se com lógica e racionalidade, mostrando ser uma **personalidade predominantemente yang e que mostra essa mesma energia no externo**. Sendo classificada, portanto, como **uma personalidade yang/yang**.

Subtipo 5 Sexual

> *Busca por exemplares ideais de amor abso-*
> *luto. É o 5 com ar romântico. O mais emocional e sen-*
> *sível dos 5 (mas ainda está desconectado das pessoas),*
> *sofre mais lembrando o tipo 4.*
> *(CHESTNUT, 2019)*

Esse subtipo do 5, é uma personalidade predominantemente yin, é mais conectada às emoções e mais sensível e romântico do que os outros dois tipos de 5. Ao mesmo tempo é menos apegado a dogmas intelectuais como os demais 5; usa a manipulação da energia yin de sua personalidade como subterfúgio em criar condições e testes quase intransponíveis para um possível parceiro amoroso e, desse modo, manter o isolamento e afastamento energético que sua paixão da avareza lhe impõe.

Apresenta ao mundo uma energia yang, como forma de proteger **sua personalidade yin** e, assim, fugir da carência e necessidade de conexão que sua personalidade lhe chama, procurando manter o autoisolamento e a necessidade de distanciamento típica do tipo 5. Portanto, **uma personalidade yin/yang.**

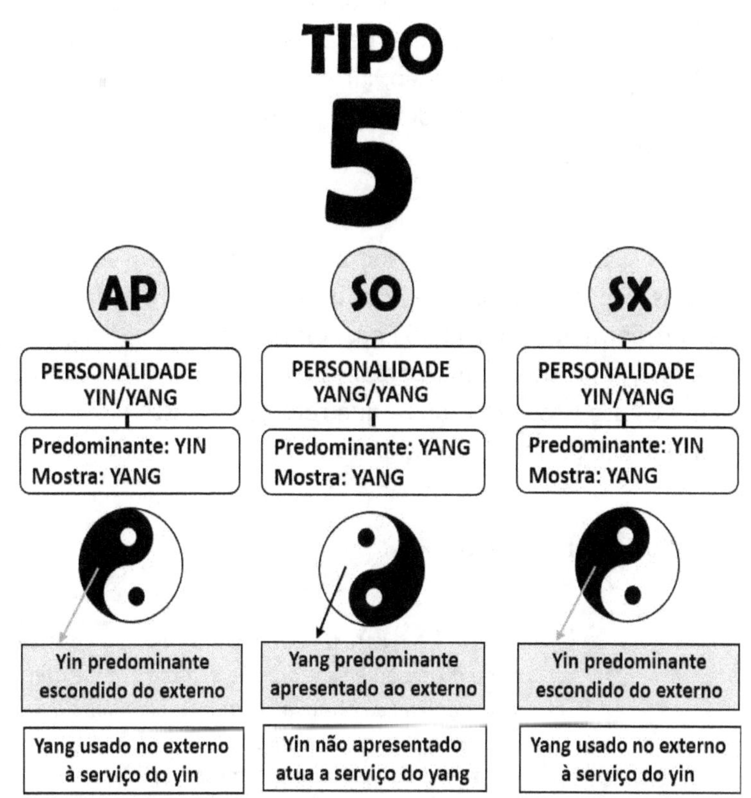

Figura 20: Síntese das energias yin e yang nos subtipos 5

Olharemos agora para o tipo 6, que apresenta características como: desconfiança, insegurança, dificuldade de decisão, introversão e medo. Mantém forte necessidade de busca por uma figura que lhe ofereça proteção.

Esse é um tipo definido pela energia yin em sua personalidade, embora, sofra influência da energia do lado yang em que se encontra na mandala do Eneagrama. Também por ser um tipo mental, representa uma personalidade yin menos caracterizada com os aspectos emocionais que reforçariam esse yin, como é o caso dos tipos yin emocionais.

Subtipo 6 Autopreservação

Expressa o medo por meio da necessidade de proteção e amizade. Se esforça em ser afetuoso, amigável e confiável. O mais fóbico, dificuldade de expressar raiva, sente-se inseguro e engaja-se em muitas dúvidas sobre si mesmo. (CHESTNUT, 2019)

O subtipo 6 autopreservação traz consigo uma personalidade predominantemente yin, mostra bastante insegurança, fragilidade, pouca assertividade, e apresenta uma necessidade constante na busca de encontrar segurança em outra pessoa e não em si mesmo. Uma **personalidade yin que usa essa mesma energia para apresentar-se ao mundo**, pois mostra sua fragilidade e insegurança e demonstra claramente suas dúvidas e falta de assertividade. Sendo, portanto, **uma personalidade yin/yin.**

Subtipo 6 Social

> *Expressa medo na imposição de lidar com a ansiedade ao confiar em razões abstratas ou em ideologias como modelo de referência. Obedecer uma autoridade mediante o conhecimento de regras o ajuda a se sentir seguro no mundo. Focado em precisão e eficiência. (CHESTNUT, 2019)*

O tipo 6 Social tem uma **personalidade yin**, que mantem o padrão de insegurança do tipo 6 e a necessidade de uma autoridade que a tutele. Porém, busca se firmar como alguém com propósitos claros e os defende, ao usar a **energia yang para mostrar-se ao exterior**, movendo-se demonstrando foco, precisão e eficácia naquilo que está determinado, atributos da energia yang que usa para expressar-se no mundo. Sendo, portanto, classificada como uma **personalidade yin/yang.**

Subtipo 6 Sexual

> *Forte e intimidante, expressa medo ao ir contra o medo, sua ação de ir contra esse medo é a expressão de que a melhor defesa é o ataque. A ansiedade se alia a habilidade e à presteza ao confrontar um ataque. (CHESTNUT, 2019)*

O subtipo 6 sexual é o clássico contratipo dentro dos 27 subtipos do Eneagrama. Aqui temos uma personalidade que traz consigo a insegurança e os sentimentos clássicos de dúvidas da personalidade yin do tipo 6. Porém, ao mover-se contra o medo com bastante agressividade e raiva, manifesta-se como uma pessoa confrontadora, que parece não ter medo de nada, vinda da expressão da **energia yang usada para o externo à serviço de uma personalidade yin**. Cujo objetivo de uso desse yang na autodefesa e na autoproteção fica bastante perceptível. Uma personalidade, portanto, **yin/yang.**

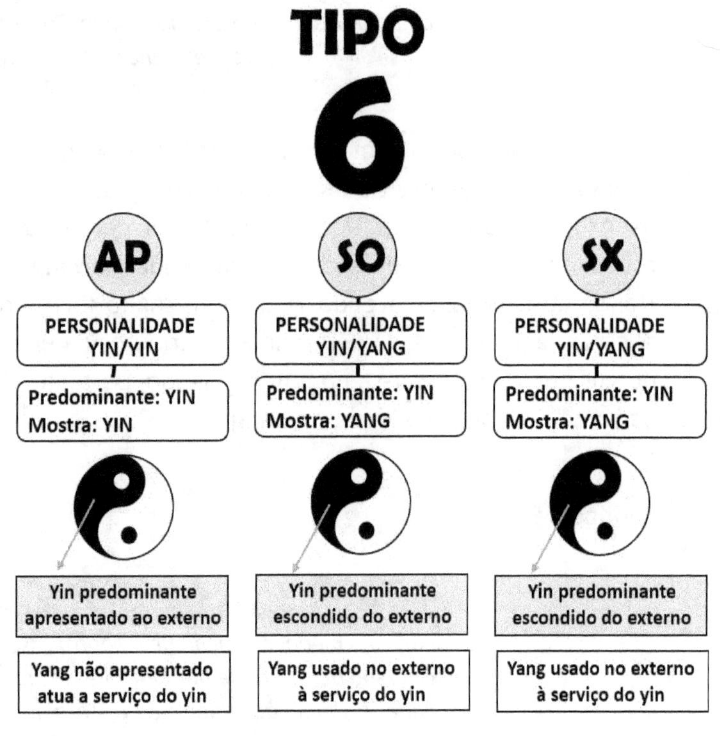

Figura 21: Síntese das energias yin e yang nos subtipos 6

TIPO 7

TIPO YANG   Por último, veremos o tipo 7 que é uma personalidade extrovertida, alegre, espontânea, lógica, racional, defende sua verdade e é claramente mental. Tais características mostram o tipo 7 como uma personalidade yang. Veremos a seguir as manifestações dos 3 subtipos através das energias yin e yang.

Subtipo 7 Autopreservação

> *Faz alianças e cria oportunidades para ganhar vantagem. Pragmático e egoísta, encontra segurança em criar um bom networking e na atenção às oportunidades que lhe garantem a sobrevivência.*
> *(CHESTNUT, 2019)*

Aqui temos uma personalidade yang clássica, bastante autocentrada, pragmática e voltada para seus próprios interesses em busca de liberdade e prazer. Apresenta ao externo uma forma bastante mental, desconectada de suas emoções e muito focada em vivenciar experiências pessoais positivas.

Dentro dos 3 subtipos do 7, o autopreservação é o mais impaciente e impositivo dos 7, demonstrando uma **personalidade predominante na energia yang e que usa essa mesma energia para mostrar-se ao mundo**. Portanto, **uma personalidade yang/yang**.

Subtipo 7 Social

> *Esforça-se para se colocar a serviço dos outros. Evita explorar pessoas, norteia-se por ser bom e puro e sacrificar as próprias necessidades em prol de apoio às necessidades dos outros. Expressa idealismo e entusiasmo para se provar ativo. (CHESTNUT, 2019)*

Esse subtipo traz em sua personalidade uma forma bastante mental e lógica presente, raciocínio rápido, típico de um 7, mas com uma expressão um pouco mais suave do que o subtipo autopreservação.

O subtipo 7 social busca mostrar-se bom e puro, doado e esforçado no sentido de até mesmo se sacrificar pelo próximo, como forma de aliviar a culpa pela paixão da gula. Somado a uma expressão jovial típica desse tipo, o subtipo 7 social, usa em sua expressão externa a energia yin para mostrar-se ao mundo. Portanto, dizemos que o 7 social é uma **personalidade predominantemente yang e que se mostra ao mundo pela energia yin**. Sendo classificada como uma **personalidade yang/yin**.

Subtipo 7 Sexual

> *Vê o mundo por lentes cor de rosa. É um pouco inocente e fácil de hipnotizar. É um sonhador idealista. Centra-se em excitantes possibilidades variadas. (CHESTNUT, 2019)*

Esse subtipo do 7 mostra-se bastante calmo, doce e tranquilo - embora por dentro seja bastante ansioso, na sua expressão juvenil e inocente de expressar-se. É o mais sensível e conectado com as próprias emoções dos 7 e demonstra uma energia yin ao relacionar-se com o externo.

Porém, a energia dominante em sua personalidade é a energia yang, ao ser uma personalidade bastante forte, controladora, autocentrada e bastante impositiva na sua vontade em suas relações amorosas. Está sempre projetando cenários melhores do que o que está vivendo no momento.

Geralmente controla o parceiro através de sua personalidade predominante yang. Dizemos, portanto, que o subtipo 7 sexual é uma **personalidade yang que usa o yin em sua expressão externa**. Portanto, **uma personalidade yang/yin**.

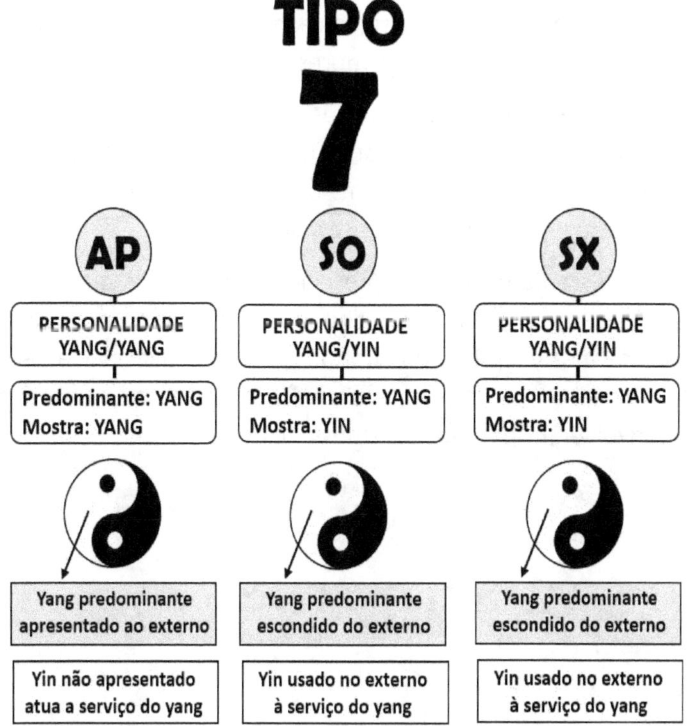

Figura 22: Síntese das energias yin e yang nos subtipos 7

Desse modo concluímos a classificação dos 27 subtipos do Eneagrama quanto à manifestação das energias yin e yang. Esperamos que você possa utilizar este conhecimento, no sentido do aprofundamento que ele oferece sobre uma das facetas mais importantes em trabalho de autoconhecimento e expansão de consciência, que vem a ser o equilíbrio entre as polaridades masculina e feminina que constituem a psique humana.

O modo como nos sentimos, nos expressamos e nos manifestamos no mundo diz muito a respeito do nosso nível de integração e sobre a nossa habilidade para expandir consciência e se autodesenvolver no caminho da luz e do amor. Tomando conhecimento e acessando partes nossas adoecidas, machucadas e reprimidas para serem ressignificadas e nos conectarmos com a expansão e acessos que elas representam.

Desse modo, ignorarmos essas partes não significa estarmos curados, mas sim, estarmos incompletos, desconectados de porções nossas que, na maioria das vezes, carregam nossa verdadeira luz, nosso verdadeiro valor.

Acreditamos ser imprescindível que todos que visam desenvolver um profundo trabalho interior, apropriem-se da classificação yin e yang do seu subtipo, porque a partir dela seremos direcionados à ordem mais orgânica de trabalho que devemos desenvolver. Como mostraremos adiante.

4

Níveis de Consciência no Eneagrama e como Trabalhar o Equilíbrio do Yin e Yang através desses Níveis

Quando falamos em trabalho de autoconhecimento, busca pela expansão de consciência, autodesenvolvimento, caminho de retorno à Essência, retorno para a Fonte Criativa, dentre outras expressões semelhantes que falamos ao longo dessa obra, podemos vincular todas essas expressões à mesma intensão e conceito. Qual seja, de abordar que existe um lugar consciencial de onde nunca estamos desconectados do Todo. Onde vibramos na mesma frequência da Fonte Criativa. E voltamos a ser Unos com ela.

Porém, também assumimos com isso que, se existe a necessidade de um trabalho a ser realizado no sentido de irmos ao encontro desse Todo é porque enquanto humanidade ainda estamos distantes dessa Fonte (pelo menos conscientemente), onde deixamos de ser unos, onde esquecemos ser parte desse Todo.

A maioria dos seres humanos ainda vivencia a vida de modo comum e corrente na qual estão completamente condicionados, através da prisão a aspectos físicos, mentais, emocionais, energéticos e até mesmo espirituais (crenças e axiomas religiosos criados por egos humanos, vínculos energéticos) – enxergando o mundo e a vida apenas sob o olhar limitado da matéria. Manifestando assim, aspectos bastante primários, condicionados e individualistas, baseados na expressão puramente do ego.

No entanto, acreditamos existir um caminho a ser percorrido para resgatar nosso contato com o Todo, onde deixamos de nos enxergarmos de modo limitado, como partes cindidas da Origem Criativa, perdidos e incapazes de reencontrarmo-nos com essa Fonte que tudo é, em outras palavras, nos reencontrarmos com o Grande Espírito, ou com Deus, como cada um preferir chamar esse Todo - que é pura consciência ativa e acordada ou ainda, podemos dizer, nos reencontrarmos conosco mesmos, com partes nossas muito despertas em consciência e que se encontram conectadas ao Todo.

Para, assim, voltarmos a fazer parte desse Todo - do qual nunca nos separamos verdadeiramente. Porém, do qual nossa consciência se apartou quando adensamos no mundo de terceira dimensão para vivenciarmos a experiência de vida no Planeta Terra, através da construção de uma personalidade.

Dada a complexidade deste conhecimento, entendemos que a explicação realizada por hora é bastante simplificada. Necessitaríamos talvez de uma obra específica somente para aprofundar essa perspectiva psicoespiritual da formação do ego e da personalidade, bem como da nossa conexão e desconexão temporária com a Fonte, baseados na teoria do Eneagrama.

Ao mesmo tempo em que compreendemos que tais explicações teóricas e lógicas servem ao propósito da curiosidade do ego, para que possamos compreender didaticamente uma possibilidade de evolução. Porém, dada a limitada condição humana, qualquer explicação que venhamos a realizar sobre tais questões será sempre uma representação limitada do que é. Porquanto nossas mentes lógicas estão limitadas ao contexto do universo racional do mental inferior, o qual representa apenas uma ínfima parte da manifestação da consciência.

O que podemos fazer nesse sentido é um convite ao sentir. Abrir espaço dentro de nós para a possibilidade de que somos muito mais do que corpo, mente, emoções e sentimentos. Somos seres espirituais experimentando a vida na matéria, nesse planeta de terceira dimensão. E, ao considerarmos essa uma possibilidade, talvez sintamos a necessidade e validemos a conexão com algo maior do que podemos depreender apenas com nossos sentidos físicos, buscando uma compreensão mais ampla ofertada através de experiências espirituais de expansão de consciência, onde podemos acessar uma consciência mais ampliada, para além daquela que manifestamos no nosso dia a dia na Terra.

No entanto, bem sabemos que não nos basta "visitarmos" realidades conscienciais mais ampliadas se, quando regressamos nossa consciência ao corpo não as ancorarmos na nossa vida cotidiana na fisicalidade. Porque desse modo nos manteremos eternamente condicionados e aprisionados à mesma faixa de consciência densa desta realidade, sem incorporarmos os conhecimentos, ou melhor, a sabedoria que acessamos através dos processos espirituais que vivenciamos, seja via meditação, rituais com plantas de poder que funcionam como expansores de consciência, seja através de canalizações recebidas por guias espirituais, xamãs, Mestres do Eneagrama, giros Sufi, ou qualquer que seja a experiência extrafísica que experimentarmos.

É preciso muito trabalho de autoconhecimento, talvez anos de entrega a um mergulho profundo nas sombras de nossa psique, para que possamos, ao realizar trabalhos psicológicos com estas sombras, integrarmos esses aspectos outrora inconscientes, de modo a ressignificá-los. Transformando nossas experiências, muitas delas não tão agradáveis, em experiências de aprendizado para a superação dos limites do ego, abrindo espaço para o domínio do espírito, da consciência desperta e do autodesenvolvimento.

Para então, à medida que vamos nos trabalhando através desses processos psicológicos, irmos acessando "camadas mais despertas" nas quais a manifestação da consciência começa a estar mais presente e passa a se expressar através de nós e, assim, passamos a sentir e ancorar esses aprendizados e transmutações em caráter mais duradouro, permanente, ancorando tais aprendizados, sem que eles se percam após a experiência vivenciada.

Uma vez que, ao abrirmos espaço para a ressignificação, as dores emocionais de outrora já não são mais impeditivas para que ancoremos aqui neste plano de manifestação de realidade, o que colhemos em nossos processos espirituais. E, assim, podemos nos tornar seres mais despertos, com objetivos de vida mais solidários, coletivos, mais humanos, amorosos e compassivos, conosco e com os demais.

Através destes processos psicoespirituais, podemos ir nos reconectando com esses níveis que sempre existiram, mas dos quais, por incapacidade de acesso, nos tornamos cindidos, apartados pela limitação da consciência em um corpo humano que experimenta uma realidade tridimensional de baixa vibração energética, apesar de sermos seres multidimensionais e termos experiências em distintas e incontáveis dimensões possíveis da existência.

Nesse sentido, quando estudamos o Eneagrama não o fazemos apenas para buscarmos uma classificação tipológica para enquadrarmos nossa personalidade num dos 9 tipos, que depois se subdividem em 27 subtipos. Estudamos o Eneagrama para compreendermos como superar as distorções da personalidade. E buscarmos nos reencontrar com nossa alma, da qual estamos esquecidos e, aparentemente desconectados.

O processo que propomos é acordar e lembrarmos quem somos, de onde viemos, para onde vamos e, principalmente, quais caminhos nos levam de volta à nossa conexão com a alma, para depois fazermos o caminho de volta à Essência, com o Todo Universal. Mas conscientes de que este último caminho não se dará aqui na vida na matéria.

Para tanto, o Eneagrama se mostra como um caminho de autodesenvolvimento que pode proporcionar a seus estudiosos, uma jornada como um guia, ao revelar que existem níveis de consciência que ainda não conhecemos de nosso ser. Obviamente, estes níveis não são lineares porque não há linearidade no caminho de autoconhecimento. Podemos abrir muitas frentes de trabalho e, talvez, em cada uma delas estejamos em um lugar, em um nível consciencial.

Fato é que, quando abordamos níveis de consciência queremos dizer que, seja lá qual for o esforço que fizermos no sentido de mapearmos esse universo, sempre será um esforço didático, ou seja, não existe linearidade nesse processo de expansão consciencial.

Logo, consideramos todos os modelos existentes para classificação dos níveis de consciência como esforços didáticos, cujo objetivo é aproximar o máximo possível a representação acerca das fases pelas quais a consciência humana habita e se desenvolve. Mas ainda assim, uma representação que, como tal, não abarca o todo. Por razões óbvias.

Tomemos o seguinte exemplo para melhor compreendermos essa questão. Muitas vezes estamos desenvolvendo um tipo de trabalho específico, por exemplo, com a paixão de nosso tipo. E então, no meio desse processo, acabamos mergulhando e nos deparando com sombras nossas muito potentes que estavam adormecidas nos porões do nosso inconsciente. Partes bastante densas, as quais nem mesmo tínhamos consciência delas (por isso chamamos sombras, como Jung). E isso é mérito pessoal, é trabalho realizado! Compreendem? Até mesmo para acessarmos nossas sombras precisamos de muito esforço e trabalho de abertura e lapidação do ego. Muito precisa ser feito para que possamos acessar o que nosso ego tanto se defende em mostrar, por medo de reviver a dor já sentida, acreditando que dessa forma será destruído. Então podemos dizer que o essencial se esconde.

Portanto, o convite é o de olharmos como quem apenas observa a postura dessa pessoa que está em franco trabalho de lapidação de suas sombras. Isso tudo envolve muita entrega e, ao mesmo tempo, possibilitará o acesso e uma intensidade muito grande de sentimentos e emoções dolorosas profundas, que alguém que observe de fora uma pessoa nessa fase de trabalho pessoal, que não compreende esse processo de contato com a dor e ressignificação da mesma, poderá crer que, esta pessoa "deu para trás" em seu processo evolutivo.

Então provavelmente pensará que essa pessoa está com uma menor consciência do que antes, haja vista que está se comportando e se expressando de modo talvez muito mais denso e sombrio do que outrora, até mesmo encontrando-se depressivo ou melancólico. Em contrapartida, poderia haver momentos anteriores que essa mesma pessoa vivia de modo aparentemente mais leve e alegre (sendo que na maioria das vezes o que sentia como alegria, era na verdade entusiasmo).

No entanto, isso é processo de trabalho no seu caminho de autodesenvolvimento consciencial. Porque estar momentaneamente alegre ou leve, ou ainda mais sutilizada não significa que a pessoa se apropriou dessas emanações energéticas de luz e leveza totalmente, para nunca mais abandonar esse estado de ser e de expressão. Mas sim, que as experimentou, temporariamente, mais ainda sem verdadeiramente integrá-las em seu ser.

Porque não há como chegarmos na luz se não atravessarmos nossas sombras, como disse Jung. E essas fases se misturam, se mesclam e, muitas vezes, podemos acreditar que estamos nos perdendo, quando na verdade estamos nos reencontrando, tamanho é o desconhecimento que temos acerca de nós mesmos e dos caminhos que temos a percorrer, bem como realidades que podemos experimentar de nós mesmos.

De outra forma podemos dizer que, em cada nível de consciência que vamos adentrando, esses níveis trazem sombra e luz, ou seja, vamos experimentar a luz à medida que experimentarmos as sombras daquele nível. Sendo assim, ao entrarmos em um novo nível - mais profundo inclusive, novas sombras - mais densas ainda do que as dos níveis anteriores vão se revelando e vindo à luz para, ao serem trabalhadas, possam ser ressignificadas e integradas em forma de consciência expandida.

Vamos abordar a seguir modelos de classificação de níveis de consciência existentes na atualidade. E será a partir desses níveis de consciência que vamos nos movendo dentro do que o mundo linear e dual que vivemos nos permite. Buscando suplantar a dualidade - através da qual também construímos modelos de representação baseados nessa dualidade e linearidade. No esforço de auxiliar a humanidade a suplantar sua condição egóica humana e buscar a sabedoria, a luz, rompendo com as cadeias da dualidade.

Existem estudiosos do Eneagrama que propuseram modelos de níveis de consciência bastante ricos e representativos. Dentre eles, o modelo de níveis de consciência proposto por Riso e Hudson (2003), o qual é baseado na divisão de nove níveis de desenvolvimento e consciência de cada tipo do Eneagrama.

Este é um modelo bastante interessante e robusto que nos convida a refletir sobre o fato de não existirem apenas 9 tipos de personalidades no Eneagrama - por conta de que, cada pessoa encontra-se em um nível de consciência distinto. Logo, crenças, valores, motivações, medos, padrões de comportamento, não serão os mesmos, ainda que dentro de um mesmo tipo, por conta dessa distinção consciencial. Não cabendo generalizarmos o estudo tipológico do Eneagrama. Haja vista que cada indivíduo se encontra em um nível de consciência.

Essa escala de níveis de consciência proposta por Riso e Hudson (2003) baseia-se em níveis de desenvolvimento que vão desde os mais saudáveis até os menos saudáveis, onde a pessoa que vibra nesse último nível está completamente aprisionada em sua personalidade, vivendo totalmente através de seu ego e imersa na dualidade.

No desenvolvimento de nossa proposta de Classificação dos Subtipos do Eneagrama, de acordo com a teoria yin e yang, adotamos os níveis de consciência desenvolvidos pela Chestnut & Paes (2019), que definem 5 níveis de consciência possíveis de serem vivenciados na matéria atualmente.

Onde o nível 1 é a mais baixa expressão de consciência, completamente aprisionada aos apelos do ego. Ao evoluir essa personalidade irá para o nível 2, onde já apresenta um certo nível de desenvolvimento, para, a seguir, enfrentar no nível 3 o que os autores chamam de ponto de choque, em consonância com a lei do três do Eneagrama processual de Gurdjieff.

Se forem superados os desafios desse ponto de choque, a pessoa será alavancada para o nível 4 de consciência, onde irá apresentar-se com um nível de desenvolvimento consciencial bastante rico e interessante. Já no nível 5 de consciência, considerado atualmente o último nível possível de ser vivenciado e que foi experienciado até agora por pessoas na Terra, é um nível de muito contato da personalidade com níveis espirituais elevados.

Usamos esse modelo para tornar didático o processo de demonstração sobre os níveis de crescimento e desenvolvimento humano que uma personalidade pode alcançar, a partir da perspectiva de trabalho no equilíbrio das polaridades yin e yang e, assim, se autodesenvolver e realizar um trabalho psicoespiritual efetivo.

Nossa contribuição vem no sentido de termos desenvolvido uma proposta de classificação das polaridades yin e yang observando os níveis de consciência, bem como oferecemos um caminho de auto-observação e ordem de trabalho a ser realizado com estas polaridades, baseada nos 27 subtipos do Eneagrama. Para, dessa forma superarmos nossa personalidade.

Nosso objetivo ao elaborarmos essa classificação é que quem está desenvolvendo um trabalho sério de autoconhecimento, possa compreender qual dimensão das polaridades está vivenciando e, para onde deve conduzir seu trabalho de autoconhecimento, caso se dedique e aprofunde esse processo.

Ou seja, cada nível de consciência, pode ser olhado, a partir da classificação desenvolvida por nós, acerca da manifestação das energias yin e yang, a fim de contribuir para um nível mais profundo de tomada de consciência acerca das energias dominantes em cada fase de desenvolvimento pessoal e, com isso, alavancar ainda mais o trabalho psicoespiritual de expansão a caminho da alma.

Adotamos esse modelo para aplicar nossa teoria. Esse modelo também diz que, cada nível de consciência é composto por subníveis e que, algumas etapas e processos podem ficar para trás e serem incorporados a posteriori, ainda que a pessoa mude de nível de consciência ao longo de sua caminhada de autoconhecimento e desenvolvimento pessoal. Demonstrando claramente que o processo de expansão de consciência não é algo linear. O que concordamos.

A seguir apresentamos nossa contribuição acerca da relação existente na busca pelo equilíbrio das energias yin e yang, apresentando a classificação dessas energias e como percebemos elas se manifestarem no referido modelo de 5 níveis de consciência, como base para a análise.

4.1 CONSIDERAÇÕES SOBRE O TRABALHO PSICOESPIRITUAL COM AS POLARIDADES YIN E YANG

Oferecemos a seguir, um aprofundamento nos conhecimentos sobre as teorias de níveis de consciência, através de uma proposta de metodologia de trabalho para quem deseja trilhar os caminhos do Eneagrama para seu desenvolvimento pessoal, entendendo a partir do modus operandi de trabalho com as polaridades yin e yang, as quais estão em desequilíbrio profundo nos níveis mais densos de consciência, e se tornam mais equilibradas e integradas nos níveis mais sutis.

Quando falamos na necessária cura de nossas energias internas yin e yang, talvez muitos podem não compreender o porquê de tanta ênfase nessa necessidade de cura. Através de vários anos de trabalho ligados à espiritualidade e ao autoconhecimento, para nós ficou claro que todas as nossas questões não curadas estão intimamente ligadas ao desequilíbrio interno dessas polaridades.

Por exemplo, quando falamos em chakras que estão em desarmonia e bloqueados, quando falamos de criança ferida, da baixa vibração de nossos campos energéticos mental e emocional, quando falamos do baixo nível de consciência, quando tratamos do sentimento de desconexão de nossas partes energéticas mais sutis (alma, Essência, Fonte, Eu Superior, etc.), tudo isso reflete o nosso desequilíbrio entre yin e yang.

Todas essas curas necessárias passam pela busca do equilíbrio de nossas energias yin e yang, pois as dores de nossos feminino e masculino internos nos mostram não apenas nossas relações com nosso pai e mãe biológicos, ou com masculinos e femininos que nos machucaram ao longo de nossas vidas. Indo mais fundo em nossos processos de autoconhecimento podemos compreender que essas dores em nossos femininos e masculinos internos refletem as dores que trazemos por sentirmos a desconexão com Deus Pai e com a Deusa Mãe, ou seja, com o Divino Masculino e com o Divino Feminino. Como já dissemos anteriormente.

A cura de nosso yin e yang ocorrerá em diversos níveis. No primeiro momento será a cura de nossas relações, conosco e com os demais, a cura que trará o sentimento de paz na vida, a cura e entendimento verdadeiro do papel de nossos pais biológicos e, finalmente, a expansão de consciência que nos levará à percepção de que nunca estivemos abandonados ou desconectados da Fonte.

A busca é pelo resgate dessa conexão maior, e a partir dessa cura iremos atuar pelo nosso emocional e mental superiores e, assim, expressarmos o nosso melhor na realização de nossa missão na Terra, através de nossas polaridades equilibradas, atuando sob demanda.

Para realizarmos essa tarefa, é preciso muito trabalho de cura interior. Aqueles que fazem algum tipo de trabalho de autoconhecimento, já devem ter se deparado com algumas questões chaves para a realização desse trabalho de cura interna pessoal. Independente da ferramenta utilizada (psicoterapia, constelação familiar, PNL e outras), sabemos que algumas questões como, trabalhar as dores da criança ferida, trabalhos com pai e mãe, cura e ressignificação de traumas, de crenças limitantes, dentre outros são extremamente importantes. Logo, sem olharmos para essas questões não chegaremos a resultados satisfatórios nesse processo de transformação pessoal.

Através do presente trabalho temos a pretensão de oferecer um modelo, um guia que orientará à pessoa no seu trabalho interior. Onde oferecemos contribuições acerca das manifestações das características das energias yin e yang em cada nível de consciência.

Dessa forma, propomos uma ordem de trabalho a ser realizada, que inicia levando o praticante a descobrir qual trabalho deve ser primeiramente realizado (com a energia yin ou yang – dependendo de cada subtipo de personalidade, conforme descrevemos no capítulo 2). Onde, dependendo da polarização das energias yin e yang em cada pessoa, no nível 2 de consciência, essa irá realizar o primeiro grande trabalho energético (curar yin ou yang) para então, somente no nível 4 de consciência começar a realizar de forma profunda o segundo trabalho com sua outra polaridade (yin ou yang).

Entendemos que o resultado desse trabalho - quando realizado nessa ordem é mais eficaz, levando à pessoa a trilhar os níveis e subníveis de consciência com menos esforço e de modo mais orgânico. E com resultados mais significativos, em menos tempo e com menor dispêndio energético.

Importante ainda compreendermos que, apesar de muitos já terem realizado trabalho interior, com técnicas como psicoterapia ou constelação familiar, por exemplo, tratando de temas com mãe ou pai, ou até sobre ambos, isso não significa que tenham feito a quantidade e a profundidade de trabalho necessário que deverão realizar nos níveis de consciência 2 e 4.

Na maioria das vezes, algum nível de trabalho com pai e mãe - que também significa trabalho com seu feminino e masculino interno é requerido para que possamos transpor o nível 1 de consciência. Porém, são trabalhos ainda num nível insipiente, que serão realmente aprofundados nos níveis 2 e 4 de consciência, como veremos.

Feito tais considerações sobre como compreendemos a importância da busca do equilíbrio e da cura de nossas energias yin e yang, apresentamos a seguir nossa contribuição sobre as características com relação à expressão e manifestação das energias yin e yang no modo como estas operam nos 5 níveis de consciência da Chestnut & Paes (2019).

4.2 A RELAÇÃO DA BUSCA DO EQUILÍBRIO ENTRE YIN E YANG NOS NÍVEIS DE CONSCIÊNCIA

A partir de agora iremos definir como as polaridades yin e yang se manifestam nos níveis de consciência, desde os níveis mais densos até os níveis mais altos de expansão possíveis no mundo da matéria. Em busca de elucidarmos de que modo é possível o desenvolvimento de um aprofundado trabalho de auto-observação e desenvolvimento, quanto ao nível de consciência que cada indivíduo se encontra.

Nível 1 de Consciência quanto às energias yin e yang

Este é considerado o nível mais básico e denso da consciência humana. Neste nível encontram-se as pessoas que estão vivendo a vida comum e corrente, presas completamente em seus egos, em suas personalidades e que se encontram no nível mais distante de sua alma.

Com relação às polaridades yin e yang podemos dizer que, nesse nível de consciência, é mais comum vivenciar a vida através da expressão de uma das polaridades e isso ocorre de modo ainda bastante dominante e involuntário. Não é uma questão de escolha, a pessoa sente, pensa, vibra, se comunica e vive a vida a partir da total tendência a um dos polos, na maioria das vezes, sem nem mesmo cogitar que exista a outra polaridade complementar em seu próprio ser.

Podemos inferir que:

- O indivíduo vivencia sua personalidade apenas com a máscara que ele "escolheu" apresentar.

- Não há partes curadas. Tanto seu yin, quanto seu yang estão adoecidos. Porém, se expressa intensamente através de um deles.

- Desconhece, na maioria das vezes, a existência de sua segunda polaridade (a que ele mais esconde, porém não tem consciência que também existe).

- Acredita ser a máscara da polaridade que veste. Está completamente cindido entre suas polaridades, vibrando fortemente em uma delas, mas ainda desconhece esse desequilíbrio.

- Desconhece que há uma parte dela escondida para autoproteção.

- Nesse nível, o indivíduo ainda está imerso nas chantagens de seu ego. E utiliza sua energia predominante (yin ou yang) para conseguir o que quer:

  o Se a predominância for da exposição da energia Yin, a pessoa é manipuladora para obter o que quer.

  o Se a predominância for da exposição da energia Yang, a pessoa é controladora/dominadora para obter o que quer.

- O modelo de psique cindida que a pessoa possui, como falamos anteriormente, pode ser um dos quatro a seguir:

---

1 (yang/yang) = yang predominante e usa este yang para se expressar no mundo.

2 (yin/yin) = yin predominante e usa este yin para se expressar no mundo.

3 (yin/yang) = yin predominante, mas usa o yang para se expressar no mundo.

4 (yang/yin) = yang predominante, mas usa o yin para se expressar

---

**Quadro 5: Tipos de personalidades baseadas
nas energias yin e yang**

- O "outro" é, geralmente, uma ameaça. Porque nesse nível de consciência a pessoa tem ainda muita dificuldade de lidar com o contraditório e, tudo que parece se opor ao que ela pensa e acredita lhe causa enorme desconforto. Podemos considerar que, num certo nível, esse desconforto pode se dar porque esse outro é uma projeção da sua parte não vista que complementa sua personalidade (anima e animus), ou seja, uma porção sua que ela desconhece e não consegue reconhecer e, ao vê-la projetada no outro lhe causa desconforto inconsciente, ou de outra forma dizendo, porque esse outro lhe faz ver quem ela é, exercendo um papel de espelho para seus aspectos sombra que não quer reconhecer em si.

- Como o outro é uma ameaça, essa pessoa não tem como vivenciar relacionamentos saudáveis. Será sempre um movimento de desconfiança ou de espelho inconsciente, onde a projeção é a maior das companheiras em seus relacionamentos. Projeções essas sobre partes suas não vistas que complementam sua personalidade.

- Logo, a pessoa geralmente não se responsabiliza pelo o que lhe acontece, nem por ser o cocriador da realidade da vida e do relacionamento que vivencia. A culpa sempre é do outro. "Não sou eu quem tem que mudar, é você!"

- Se sente incompleto. Apartado de algo que não sabe dizer o que é. (De si mesmo; da sua outra polaridade que pouco ou nada conecta).

- Ao final dessa etapa, a pessoa começa a se dar conta de que sente solidão constante. Começa a sentir insatisfação com sua vida. Haja vista que se sente incompleto, mesmo quando está em um relacionamento. É a falta de sua outra polaridade que essa pessoa sente, mas não compreendendo que existe, não tem como realizar trabalho para equilibrar ambas as polaridades e está sempre a buscar isso no mundo externo, nos outros, através dos relacionamentos, os quais nunca suprirão essa falta.

- Mesmo convivendo com diversas pessoas, ou estando em um relacionamento, a pessoa ainda assim se sente sozinha no mundo. Em um misto de "me basto" (se for yang) ou de "ninguém me vê, ninguém me cuida" (se for yin).

- Vive a eterna busca no outro para lhe completar. Atrai parceiros(as) opostos complementares, ou seja, polarizados na energia contrária à sua, porque precisa de energia externa para lhe doar a energia que lhe parece faltar internamente. E assim, o comum é a pessoa ficar tentando se completar e se equilibrar com o polo contrário, através do parceiro(a). Por esse motivo, inconscientemente, seu sistema energético irá buscar num parceiro o polo complementar ao seu. Por exemplo, alguém bastante polarizado na energia yang, irá inconscientemente se relacionar com outra pessoa bastante polarizada no yin, assim ambos parecem se complementar, encontrando no outro o que não percebem em si mesmo. Esse é um dos maiores problemas nos relacionamentos atualmente, pois esse equilíbrio buscado em alguém externo, não é o que precisamos realizar, nosso equilíbrio energético precisa ser interno e enquanto for externo, mesmo que ambos pareçam terem sido feitos um para o outro, essa relação está fadada a falir, ou se persistir, será em bases bastante prejudiciais a ambos.

- Vivencia a guerra dos sexos (dentro e fora de si). Ou seja, se a pessoa é yang entende que o yin é perigoso e vai lhe causar problemas, que não é confiável porque é manipulador. E se a pessoa é yin sente-se oprimida e controlada por quem é yang.

- Desse lugar, a pessoa reproduz no relacionamento a desarmonia interna que vivencia entre seu yin e yang:

  o **Se for yang**, olha para o parceiro(a) e sente que o(a) mesmo(a) é incapaz, é pequeno e indefeso, sente uma espécie de desprezo, diminui, critica, não respeita a forma de ser e o tempo do outro, magoando o parceiro(a) porque se sente superior (fruto da dor que carrega em seu yin não percebido – projetando no outro o seu próprio feminino). Reduzindo o outro ao tamanho que sente ser seu próprio yin adoecido escondido. O outro é o algoz de suas dores do feminino e das características que considera frágeis e inaceitáveis em si mesmo! Uma outra faceta desse yang é, paradoxalmente, ele sentir uma necessidade imensa de cuidar do outro porque o acha inferior, pequeno, incapaz de se autogerir. Sente que precisa cuidar porque o outro não daria conta de si sozinho. E porque na incapacidade de cuidar de seu próprio yin, ele cuida do yin do outro. Além do que esse yang também necessita se sentir magnânimo. E o que o fará mais magnânimo do que cuidar do parceiro(a) como filho(a)?

o **Se for yin** irá enxergar seu parceiro(a), como herói – alguém que deve salvá-lo(a), montado em um cavalo branco, para quem relata as mais diversas dores, faz os maiores dramas e cria as situações mais caóticas de necessidade de proteção e necessidade de que o outro assuma suas responsabilidades e cuidados. Enxerga no parceiro (a) um pai ou uma mãe. Cobrando algo que não faz por si mesmo (projetando seu yang no outro, ou seja, você precisa ser forte e dar conta de tudo para mim!). Tendo no parceiro, um pai/mãe herói. Que precisa protegê-lo incondicionalmente!

- Por desconhecer o quanto prejudica os outros, a pessoa nesse nível de consciência não tem a dimensão sobre o quanto fere, invade, machuca o outro, se desresponsabiliza quanto ao que gera e acredita sempre que o outro é o culpado por sua vida triste, infeliz e medíocre. Ausência de autorresponsabilidade. E assim são os relacionamentos nesse nível de consciência.

- A pessoa nesse nível de consciência é alguém muito difícil de se conviver, é autorreferente, autossuficiente, invasivo e controlador o tempo todo (yang) ou dependente, submisso, dramático, manipulador e carente ao extremo (se for yin).

- Encontra-se totalmente preso no dilema de pai e mãe (criança ferida). Então:

  - **Se for polarizado no yang**, viverá em eterna competição para provar que sua verdade é a única verdade existente e melhor que a do parceiro(a). E desse modo, torna-se o pai ou a mãe do parceiro(a), a quem precisa dominar, subjugar e ensinar "o que é certo". Ao mesmo tempo em que pede do parceiro(a) para que esse também seja seu pai ou mãe. Ao estarem presos no dilema de pai e mãe (criança ferida), com o tempo acabam perdendo o interesse sexual um pelo outro. Por exemplo, um homem que, muitas vezes, coloca a mulher como sua mãe, ela será para ele alguém que precisará lhe atender como a uma criança, fazendo mimos, atendendo manhas, cuidando como uma criança. E então é possível que o desejo sexual diminua até desaparecer.

  - **E, se for polarizado no yin**, será bastante submisso(a) e não terá poder de escolha, atitude e nem responsabilidades. Colocando as decisões mais importantes nas mãos do parceiro(a) que sentirá como se tivesse um filho(a) para criar, ao invés de um companheiro (a) de vida, de quem poderia também receber apoio quando precisasse. Ao mesmo tempo em que funcionará como uma mãe ou pai para o parceiro(a) dominando através da manipulação ao se fazer necessário(a) para suprir as carências emocionais do parceiro(a).

Na situação de necessidade de término de um relacionamento, geralmente quem sai da relação é o yang porque usa da coragem e da necessidade do novo, presentes nesse tipo de polaridade. Enquanto o yin é gregário e, mesmo vivendo uma relação abusiva e sem amor irá insistir em permanecer, por apego excessivo, insegurança em ficar sozinho(a) e, também, por dificuldade em abandonar.

- Ambos projetam no parceiro(a) as carências que vivenciaram na sua infância, sem nem mesmo se darem conta de que elas existem e são anteriores a chegado do parceiro(a). Sendo assim, atribuem a culpa de tudo de ruim que lhes ocorre no companheiro(a).

- A pessoa nesse nível vivencia, ou a raiva e a revolta profunda de seus ancestros ou irá desconsiderar que essa dor existe e tenderá a projetá-la em quem convive.

- As atitudes do parceiro(a) são potencializadas para pior, devido às suas dores da infância, que aqui ganham "maiores requintes de crueldade", uma vez que aquela dor ainda existe na psique da sua inconsciência e a pessoa se ressente fortemente com qualquer atitude que pareça refletir o que sentiu na infância - por sofrê-la novamente e, como lá era imatura demais para se defender ou dizer o quanto foi machucada e magoada, aqui o adulto sente como sendo sofrido demais sentir novamente a ferida (embora não lembre disso conscientemente na maioria das vezes). E assim, não compreende o porquê de tanta mágoa com relação as dores que sentiu que a vida e seus pais lhe causaram – que, em regra, são projetados no(a) companheiro(a).

- No entanto, tais dores são refletidas pelo companheiro(a) porque a vida reedita nossas principais dores e feridas emocionais para que possamos tomar consciência delas (que estão na sombra do inconsciente) e termos a oportunidade de, ao percebê-las, podermos ressignificá-las. Porém, aqui nesse nível de consciência, isso ainda é impossível! Então não tem jeito, a culpa será sempre do outro(a)! Sem a menor chance de a pessoa enxergar para além disso.

- Existem muitos pontos cegos nesse nível de consciência. Muitas vezes sendo impossível mostrar a alguém neste nível seus atos distorcidos porque ele(a) está fixado(a) na única razão que existe: a sua! Não é que ele não queira enxergar, simplesmente seu baixo nível de consciência não o permite sair do seu lugar, o que o impede de ser receptivo e aberto ao contraditório.

- A maioria das pessoas ficam presas nesse nível de consciência por várias vidas, mudando quando muito, de subníveis que existem dentro desse nível.

Nível 2 de Consciência quanto às energias yin e yang

Uma pessoa após ter cansado de sentir-se presa num mundo e numa vida que percebe sem sentido e por isso vem a fazer movimentos conscientes em busca de respostas às suas inquietações, poderá adentrar no nível 2 de consciência.

Muitos confrontos chegam quando a pessoa começa a se mover no nível 2 de consciência. A vida sabe disso e começa a enviar oportunidades de trabalho (mudança de cenários na vida como: desemprego ou troca de emprego, relacionamentos, situações para proporcionar necessidades de mexida).

Para sair do lugar em que se encontra, ou seja, da sua zona de (des)conforto, a pessoa precisa sair do julgamento do outro e voltar-se para si! O outro é somente um espelho. O que ocorre a uma pessoa em sua vida é porque ela atraiu essa condição baseada na realidade que construiu, com base em seu nível de consciência – mesmo sem que o consciente desejasse. Mas o ego ainda não sabe disso e não quer negociar, quer sempre ganhar. Porém, a alma sabe do que precisa para se curar (lições de alma) e então os desafios vão chegando, conforme a pessoa começa a se dar conta da necessidade de mudança proporcionada por algo que ocorre em sua vida, para o qual não tem como deixar de olhar e sentir, porque já se moveu o suficiente para isso.

Se tiver olhado para isso com responsabilidade, a pessoa entrará no nível 2 de consciência e poderá começar a realizar um bom trabalho de autoconhecimento, que geralmente dura um tempo extenso.

Detalharemos agora a ordem do que chamamos Primeiro Trabalho, verdadeiro e profundo, com uma de suas polaridades, yin ou yang, que ocorre nesse nível.

- Temos demonstrado, sob o ponto de vista das energias yin e yang, quatro possibilidades de polaridades que atuam nas personalidades. Onde há sempre uma energia que chamamos Predominante e também a energia Mostrada ao mundo, que poderá ou não ser a mesma predominante. Aqui é importante dizer que, a referência para a realização do Primeiro Trabalho, é quanto à energia Predominante na personalidade da pessoa, independente da energia que seja Mostrada por ela.

- O Primeiro Trabalho (com uma das energias yin e yang), só ocorrerá para alguém que entrou no Nível 2 de Consciência, e será desenvolvido com *a energia oposta à sua energia Predominante*. Ou seja, se *na pessoa predomina a energia yin, seu Primeiro Trabalho será com a energia yang. Se na pessoa predomina a energia yang, seu Primeiro Trabalho será realizado com a energia yin nesse nível 2 de consciência.*

- Assim, podemos dizer que, alguém que esteja no nível 2 de consciência, deverá colocar foco no trabalho com a energia oposta e complementar à sua energia predominante. *Somente no nível 4 de consciência irá realizar trabalho profundo de cura com a sua energia predominante* – o que chamamos de *Segundo Trabalho com as polaridades*, que explicaremos no nível 4 de consciência.

Por que a primeira energia a ser trabalhada é a energia oposta da que predomina na personalidade da pessoa?

Já vimos que no nível da personalidade todos temos as energias yin e yang presentes de forma desequilibrada. Além de não curadas, uma predomina sobre a outra e, de forma inconsciente, buscamos esse equilíbrio em alguém externo.

Porém, quando ganhamos consciência e conhecimento, percebemos que há uma parte nossa mais sutil, que podemos chamar de alma, que também possui as energias yin e yang, e essas apresentam-se de forma curada, mas também uma predominando sobre a outra, embora ambas curadas.

Nesse nível da alma a energia que predomina é a complementar e oposta a energia que predomina no nível da personalidade. Logo, buscar essa energia complementar da alma, é o verdadeiro equilíbrio que todos temos como missão realizar e não o equilíbrio externo através de outra pessoa.

Portanto, quando ganhamos consciência de nossa energia predominante e de forma consciente vamos buscar na alma a energia complementar, nossa alma irá nos oferecer essa energia para a nossa cura e equilíbrio e, dessa forma, ao ocorrer isso, será essa energia predominante de nossa alma oposta à energia predominante de nossa personalidade que se apresentará primeiro numa busca consciente de cura.

Essa energia predominante de nossa alma entrará em ressonância com nossa energia oposta àquela que predomina em nossa personalidade e isso fornecerá os elementos para a cura à essa polaridade. Em decorrência dessa ressonância com a alma, a polaridade da personalidade (oposta à predominante) que é chamada à cura, terá suas sombras, dores e traumas trazidas à tona para que possam ser curadas. De outra forma dizendo, a Luz da polaridade curada da alma, incide na personalidade não curada, revelando suas sombras.

Exemplo: Alguém predominante na personalidade com a energia yang, terá no nível da alma a predominância da energia yin. Esse yin da alma, sendo curado e ao entrar em ressonância com o yin da personalidade, irá abrir as melhores possibilidades de cura à essa polaridade da personalidade.

Da mesma forma ocorrerá se a pessoa tiver sua personalidade com a predominância na energia yin, assim sua alma terá a predominância da energia yang curada, e irá oferecer a cura da energia yang na personalidade no Primeiro Trabalho que ocorre no nível 2 de consciência.

A seguir o caso de quem é polarizado na energia yang predominante na personalidade, enquanto no nível da alma possui um yin predominante e curado.

Figura 23: Exemplo de 1º trabalho em
personalidade yang predominante

Então podemos perceber que:

Se o yin predomina na personalidade, o primeiro trabalho será com seu **yang.**

Se o yang predomina na personalidade o primeiro trabalho será com seu **yin.**

Quadro 6: Primeiro trabalho a ser realizado quanto
ao yin e yang em desequilíbrio na personalidade

Após identificada a polaridade a ser trabalhada no nível 2 de consciência (yin ou yang) devemos empreender diversas técnicas psicoespirituais voltadas para a cura dessa polaridade (cada escola de autoconhecimento adota as suas técnicas). Porém, é imprescindível termos claro que, a partir de determinado momento, será inevitável que a pessoa que está realizando trabalho para cura de seu yin realize um profundo mergulho na cura da relação com sua mãe.

Esse mergulho envolverá olhar para a relação com essa figura, desde a concepção, gestação, parto, relação em todas as fases da vida, bem como, desvendar as características do seu feminino que foram herdadas dessa mulher. Não importando se quem realiza o trabalho seja um homem ou uma mulher, ambos possuem a sua energia yin "espelhada" por sua mãe. Algo difícil de ser aceito pela maioria das pessoas pois, o que estamos dizendo é que, se queremos conhecer nosso yin, olhemos para a nossa mãe. Como a vemos, como a sentimos, os conflitos ou não que temos com ela, as carências, dores, dentre tantos aspectos que envolvem essa relação e que espelham a nós nossa energia feminina interna (yin).

O mesmo deve ser feito para quem está trabalhando o yang – que deverá olhar para sua relação com seu pai e para como enxerga essa figura. Da mesma forma, tudo que pensa, sente e vê em seu pai reflete o seu próprio masculino (yang).

Ainda no nível 2 de consciência, a pessoa começa a compreender o conceito de ressonância, percebe sincronicidades ocorrendo – o que indica que ela está no caminho certo. Sinais do Universo! (Ajuda chegando porque quando estamos em um certo nível de vibração, podemos sentir o modo como o Universo se comunica conosco, enviando sinais e situações para as quais estamos prontos a compreender e a enfrentarmos).

De tanto que passa a ser desconfortável, a pessoa no nível 2 de consciência começa um movimento de perceber que há algo "precisando ir para o lugar". Quando cansa de culpar o(a) parceiro(a), os pais, as pessoas significativas para ela, ou o chefe, o emprego, a vida, começa a sentir que, talvez, tenha alguma parcela de responsabilidade nos processos que envolvem os seus conflitos, principalmente os de relacionamento, que é onde a personalidade mais se expõe pela intimidade que é chamada a manter. Esses conflitos, geralmente, são sempre a partir dos mesmos padrões de pensamento, conduta e postura diante da vida.

Ainda responsabiliza muito o(a) parceiro(a) por lhe frustrar, a empatia aqui ainda é muito pequena com o outro, tudo diz respeito a si, mas ao mesmo tempo, começa a perceber que também tem responsabilidade pela sua realidade, bem como também é responsável pela realidade das suas relações.

Começa a identificar padrões de comportamento repetitivos em seus relacionamentos ou na maioria dos que já vivenciou.

A tendência nesse nível 2 de consciência é, ao ver o que seus atos têm como consequência, tanto em sua vida, como na das pessoas com que se relaciona, ainda assim a pessoa irá tentar buscar justificativas e motivações para agir como sempre agiu, como forma de proteger-se de si mesmo e manter os padrões e atitudes que sempre teve. Isso porque ainda tem nesse nível de consciência uma grande dificuldade em se revelar a si mesmo e em assumir seus erros diante dos outros. Devido a seu ego ser ainda bastante defensivo.

Somente após um bom nível de cura dessa primeira energia trabalhada a pessoa estará apta a enfrentar o ponto de choque no nível 3 de consciência. Quanto à sua energia predominante da personalidade, essa somente será possível ser trabalhada profundamente no nível 4 de consciência.

Na medida em que a pessoa progride no trabalho de cura nesse nível 2 (que geralmente é longo), no momento mais adiantado que esse nível oferece, ele se torna preparatório e introdutório para o Ponto de Choque no nível 3 que virá.

Esse primeiro trabalho - com a polaridade oposta à predominante, nesse nível 2 de consciência, demora bastante tempo, uma vez que nosso ego não quer dar espaço para a cura ocorrer, uma vez que ele a reprimiu justamente como autodefesa, como autoproteção contra todas as dores que vivenciou desde o surgimento de sua expressão de vida na matéria e construção da personalidade.

Após ser realizado o árduo trabalho com a primeira polaridade da personalidade, a pessoa passa a sentir geralmente como um alívio, algo a faz se sentir mais completa, mais plena de si. E começa a viver a vida de uma forma um pouco mais equilibrada, já que experencia um tanto de cura na sua primeira porção trabalhada. Isso fará que a pessoa comece a se expressar fortemente através dessa polaridade trabalhada, assumindo em sua personalidade as características dessa. Podemos dizer que enquanto isso não ocorrer, o trabalho nesse nível ainda não se completou.

Ao final desse nível, nesse momento, ela está pronta para enfrentar seu ponto de choque, que vem no nível 3 de consciência. O qual, segundo Chestnut & Paes (2019), não chega a ser um nível de consciência, haja vista que é um lugar de passagem, o qual geralmente vem através de uma situação bastante forte que o indivíduo é exposto na sua vida.

Só chega na fase do Ponto de Choque a pessoa que já realizou um bom nível de trabalho interior, quem já olhou e trabalhou bastante seu instinto de modo a conseguir enxergá-lo atuando, e, ao mesmo tempo, consegue frear bastante sua reatividade. Na mesma medida em que começa a lidar com a Paixão do seu tipo de modo a percebê-la atuando de modo compulsivo e buscando sempre dominar seu ser. Indispensável ter feito um grande trabalho de cura e ressignificação com pai (se curando yang) ou mãe (se curando yin) para completar o primeiro trabalho com a polaridade oposta à dominante e assim, concluir o trabalho no nível 2 de consciência e estar apto a enfrentar o Ponto de Choque.

Nível 3 de consciência – Ponto de Choque quanto às energias yin e yang

Essa fase do processo de despertar de consciência, é uma etapa bastante desafiadora. Através dela, experimentamos facetas nossas que estavam aprisionadas nos porões do inconsciente e que, de um modo ou de outro, precisam vir à tona para serem trabalhadas e ressignificadas, a fim de que possamos continuar nosso caminho de expansão da consciência.

Essa fase é regida pela energia do atrito entre duas forças opostas que, ao serem confrontadas dentro de nós, manifestará em uma resultante. A resultante desse processo, se for positiva, será a superação de antigos padrões de consciência limitantes que carregávamos. Nem sempre o processo vivenciado nessa fase supera nosso ego, e então também é possível que a pessoa não resista às condições adversas e desafiadoras que é exposta, e volte para sua vida comum e corrente, sem colher os frutos positivos desse enfrentamento pessoal. O que ocorre caso não consiga superar a si mesmo e a seus padrões limitantes de personalidade expostos aqui. Isso a fará regressar ao nível 2 de consciência (CHESTNUT & PAES, 2019).

Enquanto não superar o que o ponto de choque a propõe então não terá como dar continuidade em seu trabalho de autodesenvolvimento, ficando estagnada no nível 2 de consciência. Até que decida por novamente recomeçar o processo de trabalho interno.

Nós costumamos brincar e explicarmos a nossos alunos de Eneagrama que essa fase é como uma espécie de "chefe de fase", se considerássemos a vida como um game. Onde o avatar venceu vários obstáculos do game, ganhou alguma experiência e conhecimento e, então precisa vencer o chefe de fase provando estar apto a ir para a nova fase.

Vencer esse chefe de fase requer bastante experiência, dedicação e entrega ao trabalho interior. Uma vez que perdemos totalmente o chão nesse nível de consciência, onde todas as ferramentas que tínhamos adquirido para o trabalho interior parecem não surtir mais efeito algum. Nos perdemos de quem somos, perdemos o referencial do que tínhamos como bússola e guia na vida e então somos obrigados a olhar para partes nossas que não queríamos reconhecer que existem, as quais nem sabíamos que habitavam nas profundezas do nosso inconsciente.

O ponto de choque é nada mais do que uma guerra contra nosso "pior inimigo", nós mesmos, ou melhor, nosso próprio ego. O qual reluta para ser lapidado, escovado, amansado e superado.

Aqui o ego sente ter perdido a primeira batalha, onde fizemos grande parte da cura em nossa primeira polaridade (yin ou yang) no nível 2 de consciência, mas nesse ponto de choque o ego rebela-se, vem à tona com todas as suas armas para não permitir que o "inimigo" avance para vencer a guerra. Qual seja, irmos para o nível 4 de consciência onde entramos na "batalha" com o ego para a cura de nossa segunda polaridade energética, a mais profunda e machucada.

O ponto de choque é nosso ego rebelando-se completamente para que nem venhamos a entrar nesse campo de batalha do nível 4 de consciência, ele quer nos vencer antes dessa luta começar e, para isso, usa todas as suas forças e conhecimento de nossas fraquezas para nos derrubar.

O ponto de choque é uma luta em campo aberto com o ego, onde nos sentimos de olhos vendados e sendo atacados por todos os lados, teremos que aprender a confiar em algo maior, teremos que dar espaço a algo em nós que sempre quis estar presente, mas pouco ou nunca lhe demos ouvidos e permissão para atuar por nós. Teremos que nos entregar a esse trabalho - que através de algo maior que nós, nossa alma, possa resultar numa terceira força positiva, e que nos alavanque nesse campo de batalha com o ego, rumo ao nível 4 de consciência.

Esse processo de confronto no ponto de choque do nível 3 pode durar meses e até alguns anos, mas sempre será desestruturante, profundo e transformador se conseguirmos "sobreviver" rumo ao nível 4 de consciência. Caso não consigamos ter a terceira força resultante positiva, como já dissemos, seremos jogados de volta ao nível 2 de consciência, onde teremos que nos reorganizarmos para que de forma muito consciente possamos, em algum momento, retomar ao ponto de choque, embora o mais comum de ocorrer, para quem retornou ao nível 2 de consciência após a "derrota" para o ego, no ponto de choque, seja um acomodar-se nesse ponto, praticamente desistindo de ir adiante ou acreditando que esse é o lugar possível de chegar.

Embora tenha conseguido algum êxito em suas transformações, oferecidas pelos processos vivenciados no nível 2 de consciência, haverá um grande nível de frustração presente em si, por não ter superado a si mesmo no confronto com o ego e então a pessoa sente não ter vivenciado algo maior que iria vir a partir da superação que não ocorreu nesse ponto de choque.

Como é uma fase em que a vida parece virar de ponta cabeça, nesse ponto a pessoa está, provavelmente, vivenciando uma espécie de caos, tanto em sua vida, quanto em seus relacionamentos.

Do ponto de vista físico e material, uma forte crise existencial se instala. Podendo ser algo interno ou externo, o qual tem por objetivo vir em auxílio do acordar! Mas antes de acordar para uma nova consciência, nesse nível descobrimos que possuímos poucas ou nenhuma referência de ferramentas para vivenciar e superar essa fase! Nenhuma das estratégias de sobrevivência que utilizávamos anteriormente parecem funcionar aqui!

Nossos principais medos, apegos, crenças, tudo aquilo que pensávamos que sabíamos, toda vida organizada que parecia que tínhamos, todo status quo, todas as premissas, valores, julgamentos, todos os aspectos da personalidade que existiam, simplesmente deixam de ter sentido. E passam a ser fortemente confrontados!

Sabemos que qualquer vitória da alma é contrária àquela dos apelos e apegos do Ego! Dependendo do quanto nos entregarmos a esse processo, confiando que o melhor ocorrerá, sem decidir pelo ego, nos desidentificando com o que esse escolhe, permitindo que nossa alma decida o caminho a ser seguido, isso irá ditar se iremos espiralar para cima (aproveitando o impulso da terceira força e crescermos através desse atrito) ou, iremos espiralar para baixo, voltando ao ponto 2 de consciência, sem termos conquistado a nós mesmos.

Ultrapassar o ponto de choque não é tarefa simples e fácil. Para cada pessoa irá representar um tipo de desafio com relação a aspectos profundos de sua personalidade. O importante é sabermos que, ao estarmos dentro do ponto de choque, que nos demos conta do que esse processo está exigindo de transformação em nós.

Por exemplo, ao tomarmos os tipos instintivos no Eneagrama (8, 9 e 1), os quais são tipos bastante controladores, poderá justamente que, estes tipos sejam chamados a desenvolver um forte trabalho de entrega desse controle e, provavelmente, a situação dentro do ponto de choque irá manter-se em processo de caos, onde essa pessoa se sentirá completamente perdida até que o aprendizado ocorra totalmente e ela supere ao que está sendo chamada a se transformar - não obtendo sucesso nessa empreitada através do domínio da personalidade. Porque a única coisa que resta à personalidade no Ponto de Choque é render-se à solução desejada pela alma. E, assim, entender que somente algo maior que si próprio trará a solução. A personalidade que conseguir entender e vivenciar esse processo terá êxito ao superar o ponto de choque.

A provocação oportunizada por esta fase é aprendermos a nos desconectarmos do mental e emocional inferiores para sermos alavancados para a concretização do acesso ao emocional superior, por uma guiança de alma. E isso não ocorrerá sem bastante esforço de superação e dispêndio energético. Sairemos vitoriosos dessa etapa desde que tenhamos muita confiança e entrega aos processos que a vida nos trará - através de lições da alma.

Entendemos que para essa fase é preciso reaprendermos o que conhecemos por confiança e entrega. Porque esses termos são por nós conhecidos geralmente no nível da personalidade. O conceito de confiança e de entrega que precisamos compreender é com relação à alma. E, entrega aos desígnios da alma, para alguém imerso na personalidade significa simplesmente não escolher. E sim, deixar que a alma guie o processo.

Embora o não escolher possa parecer algo destrutivo para a personalidade, esse é o momento de desenvolvermos o que chamamos de confiança no processo da alma. Que é a certeza e um sentir de que algo maior está no comando e então aquietarmos todos os chamados que o ego fará para tomar as decisões. Porque enquanto não ocorrer o que esperamos é porque a alma sabe que a personalidade ainda não obteve o aprendizado esperado. E à personalidade só resta aprender a entregar e confiar aceitando que não está no comando.

Essas lições são sempre relacionadas a aspectos nossos com os quais temos mais dificuldade de lidarmos, os quais precisamos primeiramente reconhecer, para então superá-los. E isso envolve desde lidar com perdas, superações, mudanças de vida, seja lá o que nossas almas entendem como necessidade de superação profunda.

Fato é que, nem toda mudança, luto ou necessidade de superação deve ser considerado como "o ponto de choque". Porque tudo depende do quanto a experiência é desafiadora para a personalidade, no que diz respeito à superação dos desejos e apelos do ego.

Muitas vezes, o término de uma experiência significativa para a alma pode ser considerada o ponto de choque, e isso será possível identificar desde o quanto a personalidade tenha necessitado se superar para lidar e vencer o desafio. O resultado da experiência irá demonstrar se o processo realmente a transformou, ampliando sua consciência em direção à sua missão de alma e aos aprendizados que essa fase proporcionou.

Ninguém sai deste nível sem ter realizado um bom nível de transformação profunda e sem ter experimentado algum tipo de luto, talvez não necessariamente de alguém, mas mais ainda de aspectos seus com os quais estava fortemente identificado até então. E sem os quais parece que a vida perde o sentido.

Com relação às polaridades yin e yang, o ponto de choque vai esfregar o ego da pessoa até que ela se torne maleável. E, desse modo, quem ela acreditava ser até então, passa a ser questionado por si mesma. Logo, pessoas polarizadas no yang, com energia mais para fora, um tanto mais agressivas, diretas, decididas, talvez passem a ter dificuldades em decidir, escolher, direcionar sua vida (experimentando um tanto de caos com o processo de burilamento da porção da personalidade que ela exterioriza) se sentindo impedidas de escolher, decidir e controlar sua vida.

O contrário também ocorre, pessoas polarizadas no yin, podem se ver sendo provocadas a lidar com aspectos tão fortes de suas vidas, que vão sendo obrigadas a se transformarem, deixando de serem passivos e tendo que lidar de modo decidido e confrontador para sobreviver ao que a vida lhes impõe.

Isso tudo ocorre como uma dança cósmica, onde parece que o universo sabe exatamente o que precisa mover e nos fazer lidar para nos oportunizar vivenciarmos as mexidas necessárias em nossas personalidades - há tanto tempo cristalizadas em polaridades distorcidas.

O ponto de choque nos prepara para, após sua superação, adentrarmos no Segundo Trabalho de cura de nossa personalidade, etapa bem mais profunda, que vem a ser lidarmos com a polaridade que predomina em nossa personalidade, onde residem nossas mais profundas sombras, para que, enfim, possamos equilibrar nosso yin e yang de modo mais profundo e nos desenvolvermos enquanto personalidades mais próximas de suas almas. Vivenciando a partir de uma manifestação energética equilibrada. A qual atua sob demanda, conforme a vida e as experiências nos pedem.

Nível 4 de consciência de acordo com as energias yin e yang

A pessoa nesse nível de consciência passa a reagir menos ao que lhe ocorre, ou ao que lhe fazem os demais. Ela passa a compreender, cada vez mais, que tudo que o outro faz é conteúdo dele, diz respeito ao outro e não a si. Nessa etapa do processo de autoconhecimento, o indivíduo entra em contato com suas sombras e dores mais profundas e começa a trabalhá-las nesse nível de profundidade. Uma vez que está apto para se enfrentar mais profundamente e com mais consciência. Nesse estágio começamos a ter, inclusive, acessos mais claros, frequentes e conscientes à nossa alma (Eu Superior). Aqui sentimos o outro e compreendemos que o que é dele, é dele. Não nos imiscuímos tanto, nem tomamos para nós energeticamente o que não é nosso. Embora acessemos facilmente o inconsciente coletivo e suas dores. Mas, ainda assim, o fazemos por empatia, sabendo que tais dores não são nossas. (CHESTNUT & PAES, 2019).

Nesse nível, o indivíduo já fez uma boa dose de cura na primeira parte da personalidade (a parte yin ou yang que não era predominante) e está entrando em contato agora com a sua polaridade mais profunda e predominante da personalidade. O que requererá maior nível de entrega e confiança.

O trabalho nesse nível é com *a polaridade que domina nossa personalidade* – mesmo que nos casos da personalidade yin/yang e da personalidade yang/yin a pessoa não sentisse a atuação da energia dominante, pois se expressava pela outra polaridade, ainda que a serviço da dominante.

Nesse nível a pessoa começa a entrar em contato com essa parte dominante a que contém mais dores e com sombras muito profundas, que não seriam possíveis de serem vistas e tratadas no nível 2 de consciência. Na verdade, aqui nesse estágio, a pessoa ganha a ajuda do lastro de cura realizado na primeira polaridade, a não dominante, e que não continha as maiores sombras.

No tocante aos aspectos da manifestação das energias yin e yang há uma diferença considerável entre os 4 tipos de personalidade existentes quanto ao trabalho a ser realizado nesse nível e como ele é sentido.

Para quem possui o tipo de personalidade yang/yang e a personalidade yin/yin, a pessoa sente-se com uma certa dose de frustração ao entrar nesse nível. Porque sente como se estivesse regredido ao voltar a manifestar as características de sua personalidade mais crua, de quando estava lá no nível 1 de consciência, uma vez que revisita a sua energia predominante na personalidade ainda não trabalhada e onde reside suas maiores dores e necessidades de cura.

Até aqui, a pessoa vinha se expressando, desde as curas realizados no nível 2 de consciência, através da polaridade (não dominante) trabalhada naquele nível 2. Cujos frutos de manifestação curada já vinha colhendo em sua expressão. Por isso, ao entrar no nível 4 e tomar contato novamente com sua polaridade dominante não curada, há um sentimento de frustração e de um certo retrocesso. Sensações normais de serem sentidas no começo desse nível. Ao mesmo tempo, já tendo consciência de como essa polaridade dominante atua, torna-se mais fácil reconhecer sua atuação quando ela retorna.

Para os que possuem os tipos de personalidade yin/yang e personalidade yang/yin, a sensação, nesse nível 4 de consciência, é como se fosse outra pessoa, uma vez que passa a se expressar pela sua parte dominante da personalidade, através da qual pouco ou nunca se expressou. Porque a vida toda utilizou a polaridade oposta ao expressar-se.

Essa pessoa cuja polaridade dominante com a qual possivelmente pouco se expressou na vida e, dependendo do tipo nem tinha consciência de sua presença, surpreende-se ao compreender que a polaridade que ela não percebia era a sua dominante. Como é o caso, por exemplo, do 4 sexual, que sempre se expressou na força e agressividade do yang ao exterior, porém, possui como polaridade dominante a energia yin e sempre utilizou a energia yang a serviço desse yin. Nesse nível, é esse yin que virá à tona para se expressar e ser trabalhado.

Já, no caso do 8 social, ocorre o contrário. Essa personalidade, como já vimos, se expressa pelo yin, porém, por ser um tipo bastante forte na personalidade yang, que à princípio estaria "nos bastidores", para esse tipo, há uma clara consciência de que sua energia predominante sempre foi a yang. E a energia yin que é a expressada ao exterior, nesse tipo, não consegue esconder, pela força do tipo 8, a predominância da energia yang. Não sendo tanta surpresa para esse tipo lidar com a energia yang dominante.

Portanto, dentro de cada um dos 4 tipos de manifestação das personalidades yin e yang, haverá especificidades e variações nessa manifestação e na expressão, dependendo do tipo e subtipo de cada pessoa no Eneagrama.

Ainda no nível 4, o padrão emocional muda porque mudamos nosso comportamento. E aqui, a falta não é mais do outro, mas de nós mesmos! De acessarmos nossa porção curada! E integrá-la também. A busca é de si! Sente mais fortemente o chamado da alma.

Ao final desse nível:

A pessoa já integrou, de forma bastante equilibrada, seus aspectos do Yin e Yang. Ou seja, utiliza essas energias sob demanda, em maior ressonância com os aspectos curados da alma.

Antes o que buscava num parceiro(a), no externo, passa a ser complemento e não mais preenchimento do que falta à personalidade, uma vez que esta começa a se preencher de si mesmo em ressonância com a alma. Aqui os relacionamentos com os parceiros, mostram-se como parceiros são potencializadores nos processos de crescimento um do outro, porque ambos ao realizarem seu trabalho de cura individual, estarão em ressonância com a necessidade também de crescimento do outro.

Ficando claro para nós que, um indivíduo só desenvolve trabalho nesse nível de consciência, quando está se movendo pelos desígnios da alma, o que inclui estar em um relacionamento ou não. Mas quando sim, que este seja com um parceiro(a) que também esteja realizando um trabalho adiantado de autodesenvolvimento, pois diferente disso, ambos estarão em níveis de vibração energética muito diferentes.

Há algo que não mencionamos até agora sobre relacionamentos de casais, mas que igualmente faz parte do processo de despertar de consciência. E só pode ser sentido de forma profunda no nível 4 de consciência.

É o fato de que, um relacionamento de casal serve a um propósito muito especial, que está longe de ser a busca pela felicidade em uma vida tridimensional, com valores e padrões materiais. Longe da busca pelo conto de fadas, do encontro do príncipe com a princesa. Onde um oferecerá ao outro o que o outro não tem.

Um relacionamento de casal nesse nível de consciência não é pela busca da felicidade ou do romantismo via realizações do ego, mas sim, a busca para que ambos, através da potencialização que o outro lhe provoca, possam se autodesenvolver sendo um espelho para o crescimento do outro. E desse lugar, a pessoa se sente realizada através da alma.

O casal que se encontra nesse nível de consciência passa a ter maior consciência do ressoar energético que cada um oferece e influencia no outro. E, quando um desenvolve algum aspecto seu de trabalho, naturalmente oferece essa provocação de mexida e ancoramento no outro, porque ambos estão vibrando em sintonia.

Os desafios são muito intensos para esses casais, uma vez que ambos lidarão com suas sombras mais profundas e, sendo assim, se ambos não estiverem muito conscientes disso, é quase impossível que esse relacionamento se mantenha. Quiçá se buscarem a realização através de um caminho de relacionamento tradicional, apenas para convívio e romance.

Outra questão importante de ser dita nesse nível 4 de consciência sobre os casais é que eles desenvolvem não somente um trabalho individual, mas sua energia é oferecida às pessoas à sua volta, proporcionando, inclusive, o despertar de consciência para as comunidades que fazem parte.

Ambos apresentando-se assim, em um nível de personalidade bastante desenvolvido, com muita expansão de consciência e a serviço da humanidade.

Nesse nível, a pessoa manifesta acessos ao Amor Incondicional de forma mais constante. E está em contato com seu emocional e em fases adiantadas desse nível, também em relação ao mental Superior.

Assim como, do ponto de vista das energias yin e yang, ao final desse nível, ambas se encontram bastante equilibradas. E a pessoa vivencia essas energias em maior tempo sob demanda, ou seja, quando necessário o uso do yin a pessoa utilizará essa energia e, quando a vida pede o uso da energia yang, ela usará esse yang.

Nível 5 de consciência de acordo com as energias yin e yang

Pouco temos a falar sobre a manifestação das energias yin e yang nesse nível de consciência. Acreditamos que nesse nível de consciência o indivíduo está em contato aberto e direto com seu yin e yang da porção de alma. Ambos equilibrados. E sendo utilizados sob demanda, quando necessários.

Torna-se difícil distinguir se o ser é yin ou yang. Porque acreditamos que, nesse nível, a pessoa começa a se manifestar de modo mais andrógino. Através de experiências de maior completude com suas polaridades. Aqui o indivíduo é uma fonte geradora de equilíbrio energético, e está a serviço de sua missão refletindo esse equilíbrio entre as polaridades masculina e feminina, sendo um exemplo curado dessa reconexão e em ressonância com sua alma, voltado para o serviço à humanidade, sendo orientado por sua egrégora espiritual.

Esperamos que em momentos futuros possamos ter maiores detalhes a respeito desse nível de consciência. Que por hora foram raros os seres humanos que atingiram esse estágio consciencial equilibrado, sendo, portanto, uma fase com poucas informações ainda.

E aqui encerramos por hora as principais contribuições quanto às manifestações identificadas e consideradas por nós sobre a expressão das energias yin e yang no trabalho de autodesenvolvimento humano. Desejando que o mesmo possa servir, tanto como um guia para quem desejar utilizá-lo como caminho de crescimento, quanto para que seja possível a compreensão sobre qual fase se encontra em seu processo de desenvolvimento consciencial.

A seguir, no quadro 7 apresentamos um pequeno resumo do nosso modelo de aplicação já apresentado nessa obra para auxiliar no entendimento do trabalho de autodesenvolvimento humano que propomos, através da busca pelo equilíbrio das energias yin e yang que levará ao autodesenvolvimento.

Este é também o método desenvolvido e adotado pela Escola de Luxor. Nossa escola de autoconhecimento onde ensinamos e formamos em Eneagrama, PNL, Reiki e damos cursos de autoconhecimento como o Consciência Quântica e Eneagrama.

Método que vem surtindo efeitos positivos e transformadores em nossos alunos.

PASSO 1: Identificação com um dos 27 subtipos no Eneagrama para reconhecer a estrutura de sua personalidade.

PASSO 2: Identificação de qual dos 4 tipos de personalidade (yin e yang) você está polarizado, de acordo com seu subtipo. Para reconhecer qual será a ordem de trabalho a ser realizado. Se:

- *Personalidade yang/yang* – (yang predominante que se expressa pelo yang)
- *Personalidade yin/yin* – (yin predominante que se expressa pelo yin)
- *Personalidade yin/yang* – (yin predominante que se expressa pelo yang)
- *Personalidade yang/yin* – (yang predominante que se expressa pelo yin)

PASSO 3: TRABALHO A SER REALIZADO NO NÍVEL 2 DE CONSCIÊNCIA:
Realização do 1º trabalho com a polaridade yin ou yang. Esse trabalho ocorrerá através da polaridade oposta à qual predomina a sua personalidade (yin ou yang).

PASSO 4: PONTO DE CHOQUE
A pessoa que se manter no processo de entrega e confiança que a alma está exigindo, será levada a vencer essa fase. E terá como resultado a manifestação da terceira força ancorada. Dessa maneira será alavancada para o próximo nível de consciência.

PASSO 5: TRABALHO A SER REALIZADO NO NÍVEL 4 DE CONSCIÊNCIA:
Realização do 2º trabalho de autoconhecimento com a polaridade yin ou yang. O trabalho nessa fase é com a polaridade que predomina na personalidade. Buscando na alma, a ressonância de sua polaridade contrária à da personalidade predominante.

PASSO 6: NÍVEL 5 DE CONSCIÊNCIA - ANCORAGEM DE AMBAS POLARIDADES YIN E YANG: VIVENCIANDO O EQUILÍBRIO ENERGÉTICO
Aqui a pessoa experimentará um grande equilíbrio das suas polaridades, posto que já entrou em ressonância com sua porção Alma e estará, nesse nível 5 de consciência, vivendo a serviço da humanidade.

Quadro 7: Resumo do Modelo de Autodesenvolvimento baseado no trabalho de equilíbrio do yin e yang

O modelo de trabalho apresentado nesta obra, o qual foi desenvolvido e adotado por nossa escola prevê um caminho de autodesenvolvimento através do Eneagrama. De acordo com os estudos sobre Eneagrama, a maioria deles aponta que devemos iniciar qualquer trabalho de autoconhecimento por curas relacionadas aos instintos, seguido da paixão do tipo e então, somente após estes primeiros passos percorridos, adentrarmos no trabalho com a fixação do tipo de personalidade. Seguindo os ensinamentos de Gurdjieff.

O modelo que propomos nesta obra, considera também os passos já apresentados até aqui por outras escolas de Eneagrama. Porém, optamos por apresentar nessa obra, apenas o que desenvolvemos no sentido do trabalho com as energias yin e yang, através da classificação proposta por nós, bem como utilizando essa classificação através do caminho do Eneagrama nos níveis de consciência.

Uma vez que há excelentes obras publicadas que expõe a sequência de trabalho através do Eneagrama, nos detivemos apenas nos aspectos das polaridades ainda não considerados por nenhuma escola até onde saibamos; pelo menos não nessa profundidade a qual propomos. E que, para nós, reflete em um trabalho bastante minucioso e profundo. O qual pode levar aqueles que o utilizam a um caminho importante e profundo de cura e transformação pessoal, rumo ao equilíbrio e domínio de sua consciência.

No entanto, embora não tenhamos mencionado no transcorrer dessa obra, recomendamos fortemente que o trabalho com os três centros de inteligência (instintivo, emocional e mental) deve ser realizado a todo tempo no percurso de qualquer trabalho de autoconhecimento humano através do Eneagrama.

Sem o qual acreditamos ser impossível realizar qualquer ganho no caminho de autodesenvolvimento.

Gostaríamos de concluir esta obra mencionando que esperamos que essa proposta de modelo de trabalho interior, baseada no equilíbrio das polaridades yin e yang, sob o olhar do Eneagrama, possa auxiliar quem está desenvolvendo seu processo de autoconhecimento como um mapa de aplicação que levará seu viajante até si mesmo. Até suas partes mais sutis. Quem sabe até sua alma.

5
CONSIDERAÇÕES FINAIS

Essa obra é o resultado de pesquisas realizadas por nós através dos estudos e experiências pessoais que desenvolvemos sobre autoconhecimento ao longo de nossas vidas. No seu decorrer o leitor pode perceber nossa conexão com uma abordagem não só psicológica, mas também espiritual, haja vista que essa foi nossa história de vida através do caminho de expansão da consciência.

Nosso olhar, busca e nossa prática é e sempre foi para além do que nos ocorre enquanto personalidades humanas e seu caminho de evolução. Cremos que esta evolução somente é possível aliando as abordagens psicológicas e espirituais.

Esse somatório de experiências, vivências, aprendizados e ensinamentos no caminho psicoespiritual, faz parte da nossa história de alma e, através dela, compilamos nessa obra o que acreditamos ser um caminho possível e realizável para expansão de consciência, que leva em conta, tanto a prática espiritual, quanto à psicológica e energética.

Através da orientação de nossos Mestres espirituais e de nossos estudos chegamos em um mapeamento da psique dos 27 subtipos do Eneagrama, com relação à manifestação das energias masculina e feminina nas personalidades humanas (yin e yang), os quais apresentamos nessa obra.

A partir dessa classificação, propomos um caminho para desenvolver o equilíbrio dessas polaridades e, como consequência, integrarmos porções nossas das quais estamos desconectados, quando vibrando em baixa consciência.

Entendemos este como um estudo relevante, uma vez que, desde que adensamos na matéria, nossa psique se polarizou, se expressando cindida da alma e, dessa forma, não nos conhecemos, nem tampouco compreendemos o que viemos fazer, ou ainda para onde devemos caminhar. Ou seja, não estamos conscientes de nosso plano de alma.

Essa obra pode impulsionar esse despertar. Em um primeiro momento, auxiliando na compreensão de como cada subtipo de personalidade se sente, se comporta e se expressa no mundo, - mesmo ainda quando vibra na energia oposta à sua predominante, como pudemos ver. Denotando o quanto nosso ego se utiliza de mecanismos de defesa para proteger nossas partes mais delicadas e machucadas.

Dessa forma explicamos que, nessas mesmas partes machucadas, reside uma porção nossa que também necessita ser trazida à luz das nossas consciências porque somente assim poderemos realizar um trabalho completo de autodesenvolvimento, ao olharmos também para nossas sombras, ressignificando-as e integrando-as.

Abordamos também o conceito das energias yin e yang, suas principais características curadas e em desequilíbrio. Bem como abordamos o desligamento que temos, enquanto personalidade, da nossa própria alma, e a desconexão e as dores que carregamos quanto ao Divino Masculino e ao Divino Feminino, nossa dor maior.

Além disso, apresentamos nossa análise do que repercute o desequilíbrio do yin e yang, em cada um dos níveis de consciência, utilizando o modelo dos níveis de consciência para desenvolvimento humano da Chestnut & Paes (2019), acrescentando o estudo do ponto de vista das energias yin e yang tomando esse modelo como base. O que culmina com a proposta de um método sobre qual a ordem indicada de trabalho de autoconhecimento necessitamos realizar, uma vez que, dependendo da polaridade predominante da personalidade (yin ou yang), o trabalho toma contornos específicos e indispensáveis como explicamos.

Logo, criamos uma metodologia de trabalho interior, a fim de tornar esse caminho mais leve, ágil e transformador. Levando o indivíduo que a aplica, a alcançar um melhor resultado em seu processo de autodesenvolvimento, com menos esforço e em menor tempo possível.

Foi apresentado o resumo de nosso modelo de autodesenvolvimento baseado no trabalho de equilíbrio do yin e yang, o qual temos aplicado em nossos cursos, formações e mentorias na Escola de Luxor. E que tem trazido resultados importantes a nossos alunos no caminho de expansão de suas consciências, com o auxílio da busca do equilíbrio interno de suas polaridades yin e yang, através do olhar do Eneagrama.

Gostaríamos de convidar você que chegou até aqui e que, provavelmente, desenvolve trabalho de autoconhecimento e autodesenvolvimento, para analisar e sentir o quanto a classificação e o modelo que propomos sobre o equilíbrio das polaridades yin e yang dizem sobre você. Bem como lhe convidamos a olhar para esse modelo como um possível caminho de autodesenvolvimento, se sentir conexão com ele.

Estamos vivenciando um período da humanidade em que a integração de nossas polaridades internas se faz especialmente necessária, uma vez que, a sociedade patriarcal atinge seu limiar, estimulando o desequilíbrio dessas polaridades, supervalorizando a energia yang. Tratamos ao longo dessa obra das consequências que esse desequilíbrio causa, em ambas as polaridades, e sua necessária cura.

Porém, para além do que provocamos quanto à necessidade de nossa cura, equilíbrio e expansão de consciência individual, entendemos que, ao buscarmos evoluir e expandirmos de modo pessoal, também provocamos a transformação na consciência planetária.

Assim, o equilíbrio entre nosso masculino e feminino interno promoverá a expansão planetária, tendo como consequência a reconexão que sentimos como perdida enquanto humanidade, qual seja, a reconexão com as figuras arquetípicas de Deus Pai e da Deusa Mãe, ou seja, com o Divino Masculino e Divino Feminino. O humano que ao se integrar poderá então voltar ao lar.

REFERÊNCIAS

BAUDINO, A. K. *El Eneagrama Sufi*: iniciación a las enseñanzas Khwajagan. Rosario: Huwa Ediciones, 2014. 374p.

BERNIER, N. *O Eneagrama: símbolo de tudo e todas as coi*sas. Brasília: Gilgamesh, 2005. 416p.

BOLEN, J. S. *Os deuses e o homem:* uma nova psicologia da vida e dos amores masculinos. São Paulo: Ed. Paulus, 2002. 460p.

BRITTO, E. *I Ching*: um novo ponto de vista. São Paulo: Cultrix, 1994. 530p.

CHESTNUT, B. *The complete Enneagram*: 27 paths to greater self-knowledge. Berkeley, CA: SWP, 2013. 494p.

CHESTNUT, B. *O eneagrama completo*: o mapa definitivo para o autoconhecimento. São Paulo: Ed. Goya, 2019. 576p.

CHESTNUT, B; PAES, U. *O Eneagrama transformacional*. São Paulo, 2019. [Retiro de trabalho interior com Eneagrama pela Chestnut & Paes Enneagram Academy].

DUECK, B. *Triadic Thinking and the Enneagram*. Greater Light [Blog]. 2 de março, 2018. Disponível em: <https://greaterlight.ca/2018/03/02/triadic-thinking-enneagram/>. Acesso em: out. 2019.

EDINGER, E. F. *Ego e arquétipo*: uma síntese fascinante dos conceitos psicológicos fundamentais de Jung. 2. Ed. São Paulo: Pensamento-Cultrix, 2020. 344p.

EMERSON, R. W. *Homens representativos*. São Paulo: Imago, 1986. 200p.

JUNG, C. G. *O homem e seus símbolos*. 3.ed. Rio de Janeiro: Harper Collins Brasil, 2016. 447p.

HOLLIS, J. *Sob a sombra de Saturno*: a ferida e a cura dos homens. São Paulo: Ed. Paulus, 1997. 186p.

LIRA, N. M. de. *O elefante no escuro*: um estudo sobre o Eneagrama de Ichazo e Naranjo. São Paulo: Plêiade, 2001. 266p.

PESSOA, F. *Cancioneiro*. São Paulo: Martin Claret, 2008. 208p.

RISO, D. R.; RUDSON, R. *A Sabedoria do Eneagrama*: guia completo para o crescimento psicológico e espiritual dos Nove Tipos de personalidade. São Paulo: Cultrix, 2003.

SANFORD, J. A. *Os parceiros invisíveis*: o masculino e o feminino dentro de cada um de nós. São Paulo: Paulus, 1987. 170p.

WILHELM, R. *I Ching*: o Livro das mutações. São Paulo: Pensamento, 1984. 530p.

WOODGER, J. B.; WOODGER, R. *A deusa interior*: um guia sobre os eternos mitos femininos que moldam nossas vidas. São Paulo: Ed. Cultrix, 1993. 352p.

9 786500 189384